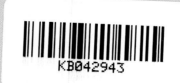

빠르게 독파하고 확실히 각인하는 비주얼 노트!

지금 결단하고, 즉시 실행한다!

바로 행동에 옮기는 실천의 기술

후지요시 타츠조 감수 | 서희경 옮김

소보 LAB

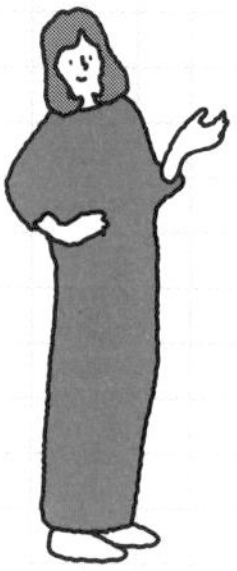

시작하며

당신의 꿈을 이뤄줄 수 있는 존재는 오로지 당신뿐입니다

이 책을 펼쳐 든 지금 이 순간, 어떤 마음인가요?

- ☑ 계획은 세우지만, 좀처럼 실천할 의욕이 나지 않는다.
- ☑ 실행에 옮기지 못하고 마음만 초조한 상태이다.
- ☑ 할 일이 너무 많아서 우선순위를 결정하기 어렵다.
- ☑ 자신감이 부족하다.
- ☑ 노력한 만큼 결과가 나오지 않아서 힘들다.
- ☑ 흔들리지 않는 나만의 기준을 가지고 싶다.

이 중 하나라도 해당하는 것이 있다면 이 책이 확실히 도움이 될 것입니다.
경영인, 비즈니스맨, 싱어송라이터, 아티스트를 코칭하며 '꿈 실현 서포터®(멘털 코치)'로 활동하고 있는 제가 추천하는 '행동력을 높이는 사고법, 심리 기법, 업무 기술'을 일러스트와 도해로 이해하기 쉽게 설명한 책입니다.

만약, 지금 '행동에 옮기지 못한다'고 느낀다면, 어쩌면 자신에게 가장 중요한 것이 무엇인지 모르고, 일상에서 가장 중요한 것을 소중히 여기지 않고 있을 가능성이 있습니다.
지금 망설이며 미루고 있는 일이 있다면, 사실 그 일이 자신에게 그다지 중요하지 않고, 하지 않아도 상관없기 때문은 아닐까요?
중요한 것을 소중히 여기십시오. 그러면 자연스럽게 행동력이 높아집니다.

당신은 당신 인생의 주인공입니다.
당신의 꿈을 실현할 수 있는 사람은 오로지 당신뿐입니다.

정말 하고 싶은 일을 아직 찾지 못했다면, 이 책을 읽으면서 가슴에 손을 얹고 가만히 생각해 보세요.
'타협할 수 없는 가치관'과 '가슴 뛰는 미래상'이 반드시 보일 것입니다.

꿈 실현 서포터® 후지요시 타츠조

빠르게 독파하고 확실히 각인하는
비주얼 노트!

바로 행동에 옮기는 실천의 기술

Contents

Chapter 03
실천가들의 사고와 행동을 분석한다

Chapter 04
바로 실행하는 기술을 훈련한다

Chapter 05
결단력을 키운다

Chapter 06
결단을 행동으로 연결한다

Chapter 07
과욕과 의무감을 내려놓는다

Chapter 08
불안감을 내려놓는다

Chapter 09
에너지를 하나에 집중한다

Power of Execution
VISUAL NOTES

Chapter 01

행동을 일으키는 원리에 주목한다

몇 가지 요령과 기분에 따라 실행력은 극적으로 달라진다. 행동하는 사람만이 인생을 바꿀 수 있다.

모든 성공은 작은 첫걸음에서 시작된다.
당장 행동할 수 있는지에 따라 인생이 달라진다.
어떻게 하면 '지금 당장 행동하는' 습관을 들일 수 있을까?
행동을 일으키는 5대 원칙을 알아보자.

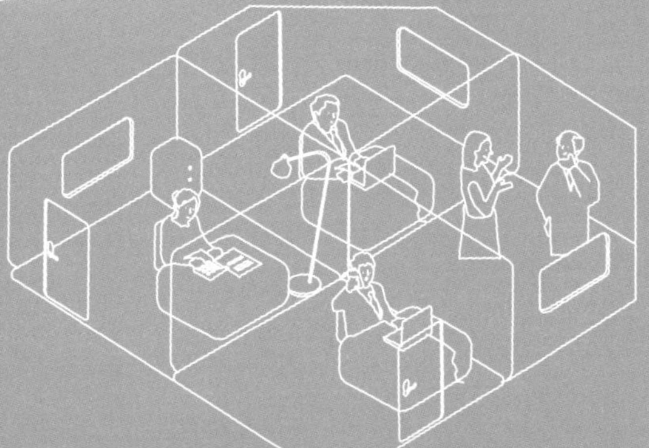

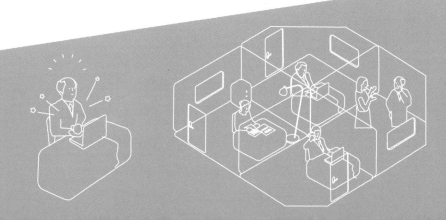

01 10초 안에 행동한다

성공하는 사람과 그렇지 못한 사람의 가장 큰 차이는 즉시 행동하는 능력이다.

성공하는 사람에게는 어떤 특별함이 있을까? 기술, 지식, 교육 수준은 각기 다를 수 있고, 그것들은 성공을 담보하는 절대 조건이 아니다. 그들의 확실한 특이점은 결단을 내리면 즉각적으로 행동을 취한다는 점이다. 그 습성이 성공하는 사람, 즉 신망이 두텁고 가치를 인정받는 사람으로 만든 것이다. 정말 하고 싶은 일이 있다면, 10초 안에 행동할 수 있어야 한다. 그 첫걸음이 인생을 바꾸는 동력원이 될 것이다.

즉시 행동할 수 있는지가 중요하다

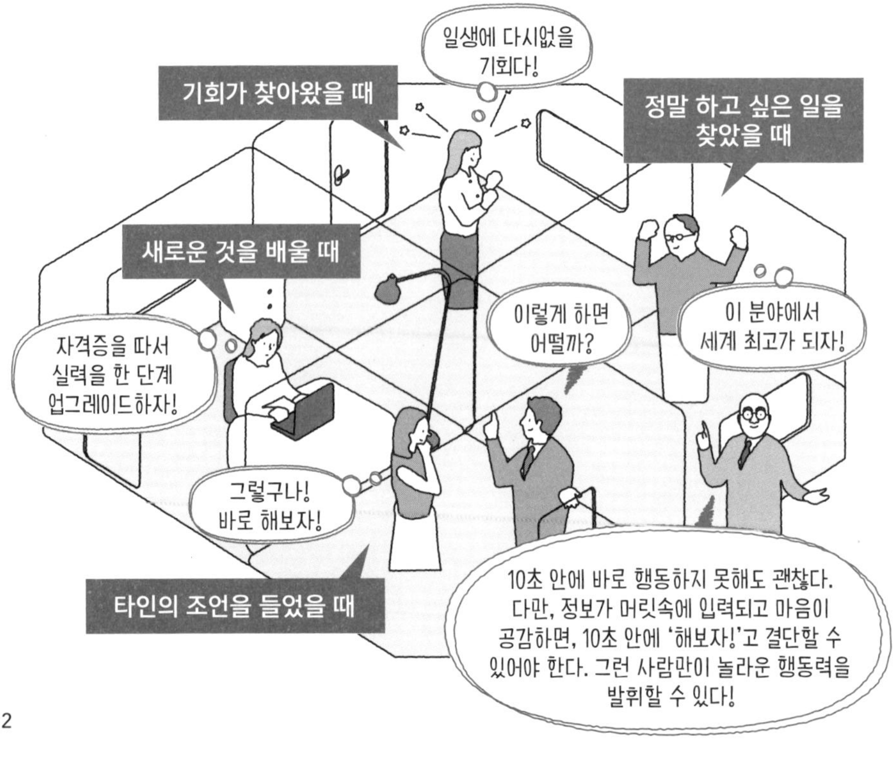

인간에게는 게으름을 피우는 습성이 있다. 상황이 바뀌기 전까지는 힘든 일을 피하고 싶은 것이 인간의 본성이다. 하지만 10초 안에 '해보자!'고 결단할 수 있는 사람은 엄청난 행동력을 가지게 된다. 이는 '관성의 법칙'이 그들의 행동에 작용하기 때문이다. 행동을 개시할 때는 큰 에너지가 필요하지만, 그다음은 적은 에너지로도 속도를 낼 수 있다. 다시 말해, 제일 중요하면서도 넘어서기 가장 힘든 장벽이 최초 10초이다.

행동에도 관성의 법칙이 작용한다

02 기분을 컨트롤한다

행동을 취하는 데 있어 '동기'도 물론 중요하지만, 그 이상으로 중요한 것은 '기분'이다.

합리적으로 사고하고 성실하게 행동하는 태세가 갖춰져 있으면, 기회를 놓치지 않고 좋은 결과를 얻기 마련이다. 모처럼의 기회를 행동으로 연결하지 못해서 놓친 적은 없는지 생각해 보자. 수동적인 요소에 해당하는 기회가 찾아왔을 때는 물론이고, 능동적인 요소에 해당하는 자발적 동기 부여가 충분함에도 바로 행동으로 옮기지 못할 때가 있다. 그 이유는 무엇일까?

기회는 누구에게나 찾아오기 마련이다

기회를 만나지 못하는 사람은 없다.
단지, 그것을 기회로 바꾸지 못했을 뿐이다.
-앤드루 카네기-
앤드루 카네기의 말처럼
기회는 누구에게나 평등하게 찾아온다.
그 기회를 마주쳤을 때,
'10초 안에 행동으로 옮길 수 있는가?'
그것이 중요하다!

목적의식과 동기가 충분하면 행동이 절로 따르는 것이 당연한데도 주저할 때가 있다. 그 이유는 무엇일까? 행동을 일으키는 데 있어 동기 부여만큼 중요한 것이 '기분'이다. 기분은 동기와 다르다. 동기는 행동을 일으키는 계기이고, 기분은 마음에 절로 생기는 감정이다. 동기가 충분해도 기분이 따라주지 않으면 행동으로 옮기기 어렵다. 억지로 애쓰지 않고 행동을 이어가기 위해서는 순간순간 바뀌는 기분의 파도를 컨트롤할 수 있어야 한다.

'기분'과 '동기'는 다르다

03 관점을 전환한다

자기 관점으로만 보면, 생각이 너무 많아지고 불안에 사로잡혀 행동할 수 없게 된다.

관점을 바꾸는 것은 기분을 바꾸는 것만큼이나 중요하다. 인간관계 갈등은 행동을 주저하는 이유 중 하나이다. 이해관계자들이 서로 충돌하고 대립하면 옴짝달싹 할 수 없게 된다. 반목과 갈등상태를 해소하고 앞으로 나아가려면 자기 관점으로만 상황을 판단하지 말고, '대상자 관점'에서 관련자의 입장을 볼 수 있어야 한다.

행동하지 못하는 사람의 관점

예를 들어, 업무적으로 발생한 문제 상황을 상사에게 즉시 보고하지 못하고 머뭇거릴 때가 있다. 이는 상사의 부정적 반응을 추측하고 '불같이 화낼 텐데…'라며 불안감에 휩싸였기 때문이다. 지레짐작한 두려움과 걱정에 사로잡혀 있으면, 상사의 감정을 이해할 수 없다. 그럴 때는 10초 동안, 상사의 입장에서 부하직원인 자신이 어떻게 보일지를 상상해 보자. 이것이 '관점 전환'이다. 분명, 즉시 보고하기를 원하는 상사의 마음을 깨달을 수 있을 것이다.

'대상자 관점'으로 상황을 보는 것이 중요하다

04 결단이 우선이다

기술, 재능, 경험과 관계없이 '진지한 결단'이 앞으로 나아가는 큰 에너지가 된다.

어떤 일이든 '하기로 결단하는 것'이 우선이다. 구체적인 '무엇'을 그리는 것은 결단 이후에 할 일이다. 회사를 그만두고 창업할 것인지, 아니면 지금처럼 계속 다닐 것인지를 놓고 갈등하는 상황을 가정해 보자. 퇴사가 옳은지, 퇴사하면 뭘 할지를 고민하는 것은 무의미하다. 퇴사할지 말지를 우선 '결단'하는 것 자체가 중요하다. 퇴사하고 싶은 마음이 굴뚝같은데도 계속 다니는 것은 회사에도 본인의 인생에도 도움이 되지 않는다.

결단을 미루면 악순환이 발생한다

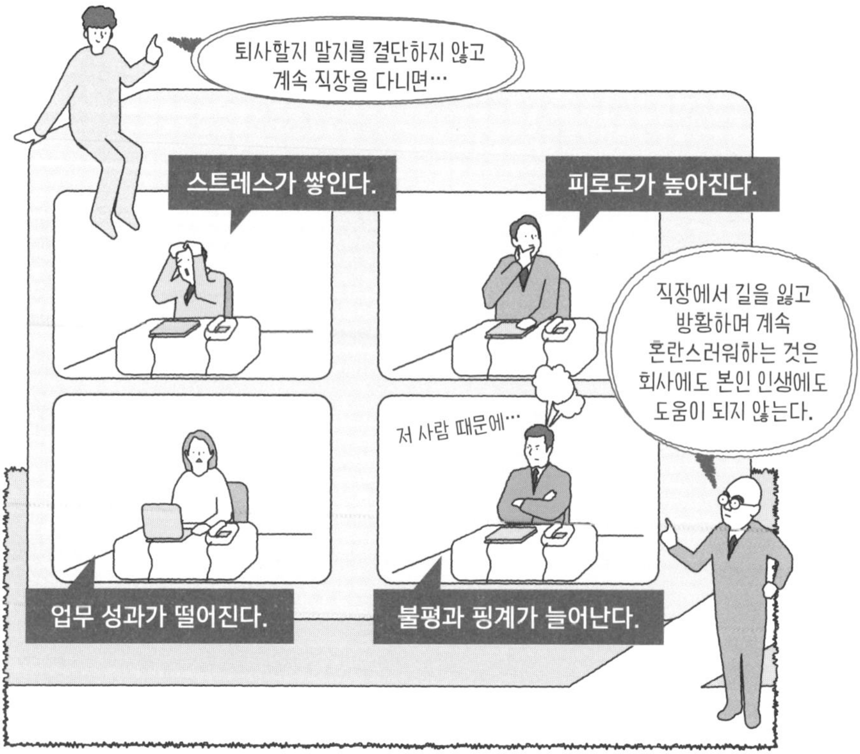

결단을 내리면 모든 것이 움직이기 시작한다. 빨리 결정할수록 더 많은 기회를 얻을 수 있다. 일단 결단을 내리면 망설임과 불안에서도 자유로워지고, 방황의 스트레스에서 벗어나 자기가 결정한 일에 100% 집중할 수 있다. 지금까지 어떤 인생을 살아왔는지는 중요하지 않다. 기술이나 재능이 부족하다고 불안해할 필요도 없다. 소망이 가리키는 방향으로 자신을 움직이는 큰 에너지원은 진정성 있는 결단이다.

결단력이 있으면 인생이 극적으로 바뀐다

05 하나에 집중한다

일이 잘 풀리지 않거나 행동으로 옮기지 못한다면, 너무 많은 바람과 책임을 안고 있는 것은 아닌지 되돌아보자.

행동을 주저하는 사람은 일이나 상황을 복잡하게 생각하는 경향이 있다. '~해야 옳다', '성공하려면 ~해야 한다'와 같은 가정을 앞세우다 보니, 실행에 이르기까지 절차가 복잡하고 필요 이상으로 많은 것을 감당하게 된다. 매사 기본을 단순하게 유지해야, 일과 인간관계를 포함해 인생 자체가 잘 풀리는 법이다.

너무 많은 것을 안고 있으면 매사가 복잡해진다

동시에 너무 많은 일을 처리하다 보면, 사람의 뇌도 컴퓨터와 마찬가지로 여유 공간이 부족해져 성능이 떨어지거나 멈춰버린다. 과도한 업무, 돈에 대한 집착, 사랑을 향한 욕망, 골치 아픈 인간관계, 불안과 스트레스를 유발하는 부정적인 감정, '~해야만 한다'는 강박감 등과 같이 몸과 마음을 괴롭히는 번뇌와 복잡한 일들을 일단 모두 내려놓자. 정말 해야 할 단 '하나'에만 집중하면 심신이 안정을 찾고 다른 일들도 순조롭게 풀리기 시작한다.

한 가지 일에 최대한 집중하는 것이 중요하다

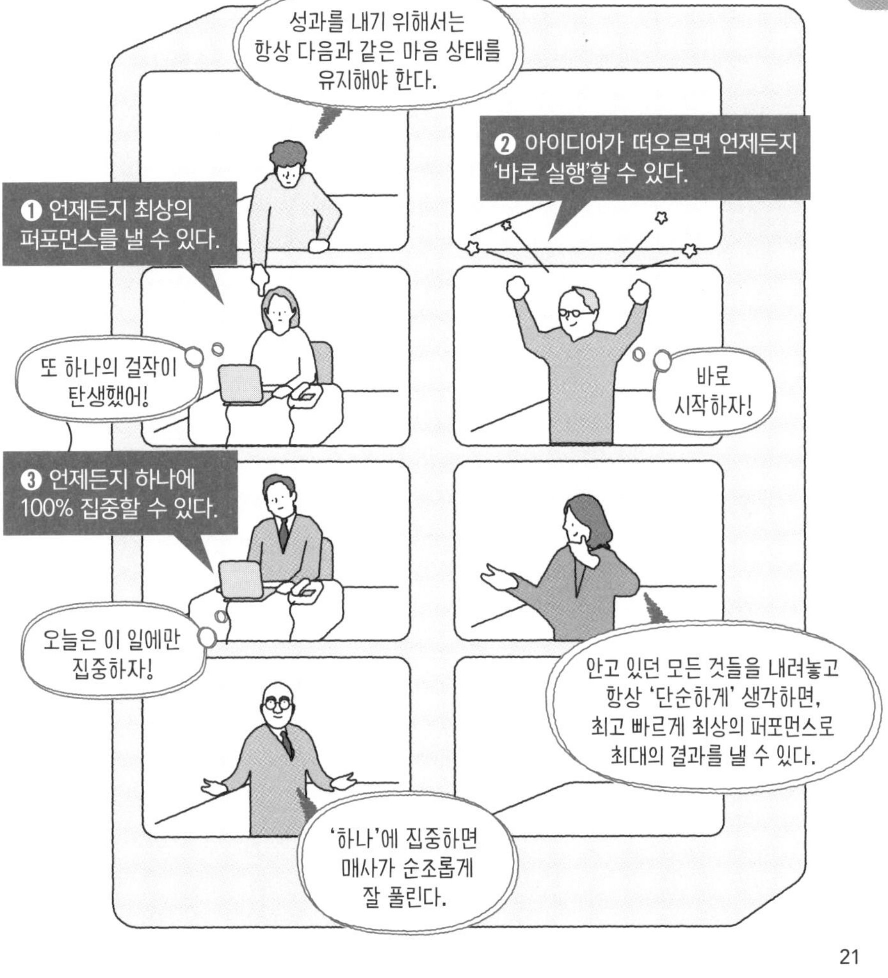

Chapter 02

바로 행동하지 못하는 이유를 분석한다

사람은 누구나 예외 없이 실패를 겪는다.
실패가 두렵다는 이유로 실행을 주저하면,
하지 못하는 것들만 늘어난다.

바로 행동에 옮기지 못하고 생각으로 그칠 때가 많은가? 만약, 그 이유를 성격이나 능력 부족 탓으로 여기고 있다면, 그렇지 않다. 닫힌 사고방식과 신념이 자신의 행동을 제한하고 있기 때문이다.

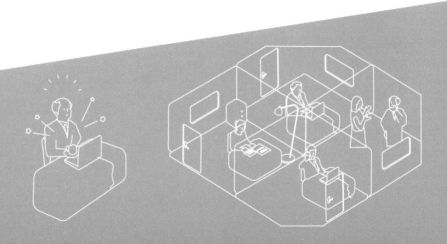

01 모순된 사고방식이 행동을 제한한다

즉시 행동하는 사람이 되려면 자신의 사고방식을 분별하고 판단해야 한다.

행동으로 옮기지 못하고 고민에서 그치는 이유는 행동을 촉구하면서도 행동을 제한하는 모순된 사고방식에 갇혀있기 때문이다. 예를 들면, '열심히 업무 능력을 키워서 자신을 업그레이드하고 싶다'는 생각을 '이 정도 월급으로는 주어진 업무를 처리하기도 벅차다'는 생각이 막아서면서 생각의 비틀림이 발생한다. 행동하고 싶은 의지를 행동하지 말아야 할 이유가 끊임없이 막아서는 것이다. 머뭇거리는 이유가 생각의 비틀림을 유도하는 모순된 사고방식 때문은 아닌지, 객관적으로 판단해 보자.

생각의 비틀림을 개선하는 방법

어떤 행동도 취하지 못하고 불안감만 커지는 상황에 부닥칠 때가 있다. '문제 해결 방안을 모색하고 실행하자'는 긍정적인 생각과 '어떻게 대처할지 모르겠다, 혹은 해결하지 못할 수도 있다'는 부정적인 생각이 비틀리면서 '사고 회로 정지' 상태에 빠지는 것이다. 이를 해제하기 위해서는 생각의 비틀림이 발생하는 지점을 모두 글로 적고, 찬찬히 분석하면서 해야 할 일을 도출하는 방법을 추천한다.

사고 회로 정지 상태를 해제하는 방법

❶ 자기 내면에 떠오르는 생각을 모두 포스트잇에 적는다.
❷ 포스트잇을 분류하고 재배열하면, 자기 내면에서 어떤 생각들이 비틀리고 있는지 파악할 수 있다.
❸ 정렬한 스티커 전체를 조망하며 '진심으로 어떻게 하고 싶은지', '어떻게 되면 좋겠는지', '문제가 해결된 후의 바람직한 상황은 무엇인지'를 스스로 묻는다.
포스트잇 사고 활동을 통해 기존에 복잡하게 얽혀있던 머릿속이 깨끗이 정돈되고, 객관적인 상황과 해야 할 일이 정리된다.
이 '생각'은 필요 없어!
❹ 문제 해결에 필요하지 않다고 판단한 포스트잇을 모두 떼어버린다. 이 과정에서 사고의 비틀림이 서서히 해소되고 마음이 안정된다.
❺ '해야 할 일'이 적힌 포스트잇만 남는다.
여기까지 정리할 수 있다면, 무엇을 어떻게 할 것인지, 어떤 순서로 할 것인지를 정하는 것은 그리 어렵지 않다.
❻ 이제 행동할 일만 남았다.

02 '시간이 부족하다'는 말은 핑계일 뿐이다

'이렇게 해야 한다'는 생각에 얽매이지 말고, '어떻게 하면 가능할지'를 먼저 생각하는 것이 중요하다.

방법을 알고 잘하고 싶은 의지도 있지만, 시간이 부족해서 미루는 일이 있다. 가슴에 손을 얹고, 시간 부족을 핑계로 삼고 있는 것은 아닌지 생각해 보자. 모든 일에는 기한이 있고, 제한된 시간 안에 최대한의 결과를 만들어 내야 한다. '이 방법이 최적이다 → 하지만 시간이 부족하다'는 생각에 얽매이지 말고, '어떻게 하면 할 수 있을까'를 우선 생각하자.

시간은 유한하지만, 방법은 무한하다

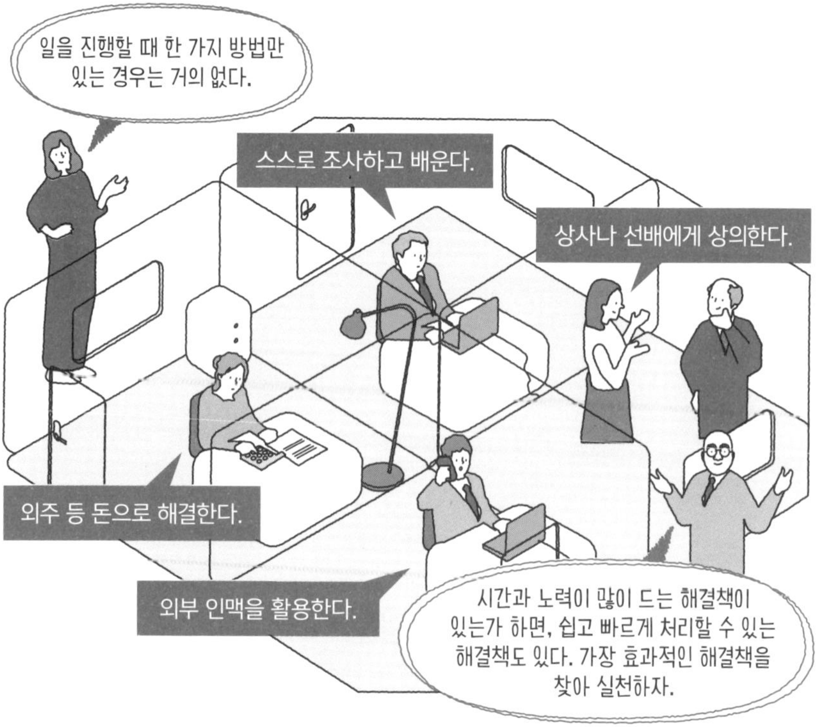
일을 진행할 때 한 가지 방법만 있는 경우는 거의 없다.
스스로 조사하고 배운다.
상사나 선배에게 상의한다.
외주 등 돈으로 해결한다.
외부 인맥을 활용한다.
시간과 노력이 많이 드는 해결책이 있는가 하면, 쉽고 빠르게 처리할 수 있는 해결책도 있다. 가장 효과적인 해결책을 찾아 실천하자.

성급하게 행동하지 않는 것도 중요하다. 즉흥적으로 떠오른 아이디어를 실행하는 것이 나쁘다는 의미가 아니다. 다만, 맨 처음 떠오른 해결책을 최선으로 여기고 실행할 경우, 실패할 가능성이 크다. 행동에 앞서, 가능한 한 모든 해결책을 파악하는 것이 좋다. 만약, 해결 방안에 대한 여러 아이디어가 계속 떠오른다면, 바로 실행에 옮기지 말고 어떤 아이디어가 가장 효과적일지 판단해 보자.

시간이 부족할 때 의지할 수 있는 것은?

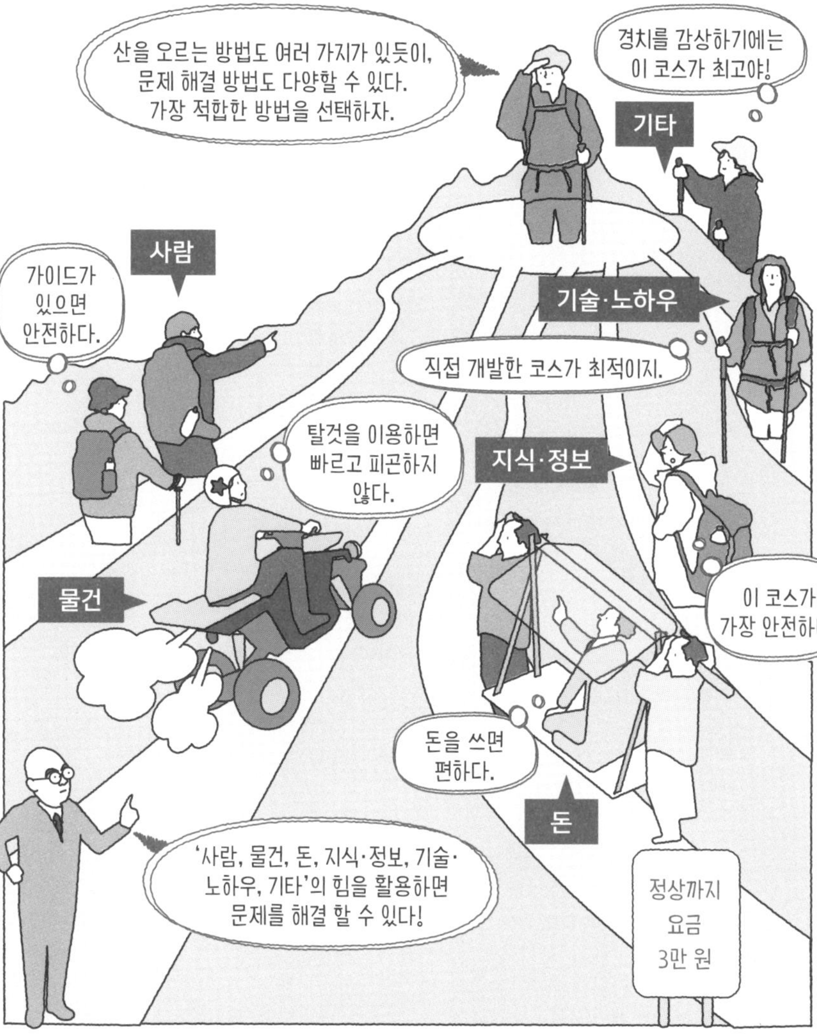
산을 오르는 방법도 여러 가지가 있듯이, 문제 해결 방법도 다양할 수 있다. 가장 적합한 방법을 선택하자.
경치를 감상하기에는 이 코스가 최고야!
기타
사람
가이드가 있으면 안전하다.
기술·노하우
직접 개발한 코스가 최적이지.
탈것을 이용하면 빠르고 피곤하지 않다.
지식·정보
물건
이 코스가 가장 안전하다.
돈을 쓰면 편하다.
돈
'사람, 물건, 돈, 지식·정보, 기술·노하우, 기타'의 힘을 활용하면 문제를 해결 할 수 있다!
정상까지 요금 3만 원

03 혼자 힘으로 해결할 수 있는 일에는 한계가 있다

'할 수 없다' 또는 '시간이 부족하다'고 생각되면, 일단 '타력'을 활용하는 방안을 고려한다.

한정된 시간을 효율적으로 활용하기 위해서는 '내 힘으로 해결하겠다'는 생각을 내려놓을 필요가 있다. '혼자 어떻게든 해보겠다'며 고군분투하다 보면, 시간이 오래 걸리고 해결책을 찾지 못해서 실행에 이르지 못하는 악순환에 빠질 수 있다. 타력(他力)을 활용하면 쉽게 해결할 수 있는 일도 자력(自力)을 고집하는 바람에 결과를 내지 못하는 것이다. 타력은 자력에 기동성을 높이는 것임을 명심하자.

행동하지 못하는 사람의 사고방식

자력으로 해결하기 힘들다고 판단한 일에 대해서는, 6가지 타력(①사람, ②물건, ③돈, ④지식 · 정보, ⑤기술 · 노하우, ⑥기타)을 고려해 보자. 6가지 타력을 활용해서 해결하지 못할 일은 거의 없다. 확실히 어느 지점에서 해결의 실마리를 찾을 수 있을 것이다.

'할 수 없다', '시간이 없다'를 해결하는 6가지 타력

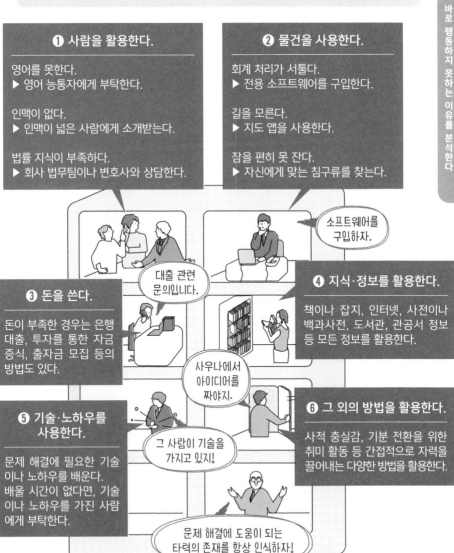

❶ 사람을 활용한다.

영어를 못한다.
▶ 영어 능통자에게 부탁한다.

인맥이 없다.
▶ 인맥이 넓은 사람에게 소개받는다.

법률 지식이 부족하다.
▶ 회사 법무팀이나 변호사와 상담한다.

❷ 물건을 사용한다.

회계 처리가 서툴다.
▶ 전용 소프트웨어를 구입한다.

길을 모른다.
▶ 지도 앱을 사용한다.

잠을 편히 못 잔다.
▶ 자신에게 맞는 침구류를 찾는다.

소프트웨어를 구입하자.
대출 관련 문의입니다.
사우나에서 아이디어를 짜야지.
그 사람이 기술을 가지고 있지!
문제 해결에 도움이 되는 타력의 존재를 항상 인식하자!

❸ 돈을 쓴다.

돈이 부족한 경우는 은행 대출, 투자를 통한 자금 증식, 출자금 모집 등의 방법도 있다.

❹ 지식·정보를 활용한다.

책이나 잡지, 인터넷, 사전이나 백과사전, 도서관, 관공서 정보 등 모든 정보를 활용한다.

❺ 기술·노하우를 사용한다.

문제 해결에 필요한 기술이나 노하우를 배운다. 배울 시간이 없다면, 기술이나 노하우를 가진 사람에게 부탁한다.

❻ 그 외의 방법을 활용한다.

사적 충실감, 기분 전환을 위한 취미 활동 등 간접적으로 자력을 끌어내는 다양한 방법을 활용한다.

04 행동을 방해하는 3가지 불안 패턴

실천을 힘들어하는 사람은 자기 내면에 존재하는 불안을 한 번쯤은 마주해 보자.

마음속에 불안을 품고 있으면 행동을 주저하기 마련이다. 성과가 나지 않거나 실패가 계속되면, 행동하는 것 자체가 귀찮아진다. 사고 회로가 정지되고 행동이 망설여지는 이유는 과거, 현재, 미래에서 비롯된 '3가지 불안 패턴'에 빠져 있기 때문이다. 먼저 자신의 불안을 깨닫는 것이 중요하다.

3가지 불안 패턴을 인식한다

시도해 봤지만 실패했다.
거래처에서 화를 내며 발주를 끊었다.
어차피 또 실수할 거야…
'잘 될 리가 없다…'는 생각을 품고 행동에 나서기는 어렵다. 그 이유는 뇌가 '안 돼!'라는 경보를 온몸에 발령하고 있기 때문이다.
❶ 과거에 사로잡혀 불안에 빠진다.
과거의 실패 경험을 끌어안고 자신감을 잃은 상태

첫 번째는 과거에 사로잡힌 불안이다. 과거의 실패 경험을 떠올리며 '어차피 다음에도 잘 안될 거야…'라는 감정에 구속된다. 두 번째는 미래에 사로잡힌 불안이다. 실패에 대한 두려움으로 과도하게 불안을 느끼는 상태이다. 세 번째는 현재에 사로잡힌 불안이다. 현재 일어나고 있는 일의 '어느 한 부분'에 갇혀 그것이 마치 전체인 것처럼 느끼는 상태이다.

저것도 안 되니까 이것도 안 되겠지.
이 일은 나에게 맞지 않는 것 같아.
할 수 있다는 자신감이 들지 않아.
다른 업무가 정체될지도 몰라.
나쁜 상황을 상상한 것만으로 행동을 취하지 못해서 더더욱 움직일 수 없게 된다.
납기를 맞추지 못하면 어떡하지?
클레임이 들어오면 어떡하지?
❸ 현재에 사로잡혀 불안에 빠진다.
현재 미흡한 '어느 한 부분'에 얽매여 실패를 확신한 상태
❷ 미래에 사로잡혀 불안에 빠진다.
미래의 실패를 확신하고 도전을 두려워하는 상태
참고로, 나쁜 상상이 떠오르는 경우는 대책을 세우는 행동으로 연결함으로써 불안을 해소할 수 있다.
❸에서 말하는 '어느 한 부분'은 숙달되지 않은 영역, 준비가 미흡한 지점, 실패나 실수, 불리한 현재 결과, 부정적인 기분 등을 말한다.

05 모든 일에는 리스크가 따른다

비즈니스 현장에서는 리스크 회피도 중요하지만, 과도한 리스크 회피는 실행 자체를 제한할 수 있으니 주의해야 한다.

세상에 리스크(변동 가능성)가 없는 일은 존재하지 않는다. 리스크는 과거 실적과 미래 전망 등을 종합적으로 고려하여 인간이 판단하는 것이다. 데이터를 토대로 리스크를 판정하는 것은 인간의 마음이다. 리스크를 느끼는 방식은 판단하는 사람의 기분과 의식 상태에 따라 크게 좌우된다. 기분이 항상 울적하고 비관적이라면 과도한 리스크 회피가 일상화될 수 있다.

리스크를 느끼는 방식은 기분에 따라 달라진다

리스크를 과도하게 회피하는 가장 큰 이유는 행동하지 않기 때문이다. 리스크를 의식하고 행동하지 않으면 마음속 불안은 계속해서 커질 것이다. 결과적으로 리스크 회피 의식이 자연스럽게 확대된다. 리스크에 대한 불안을 해소하는 유일한 방법은 스스로 결단을 내리고 행동하는 것뿐이다.

과도하게 리스크를 회피하는 이유는 행동하지 않기 때문이다

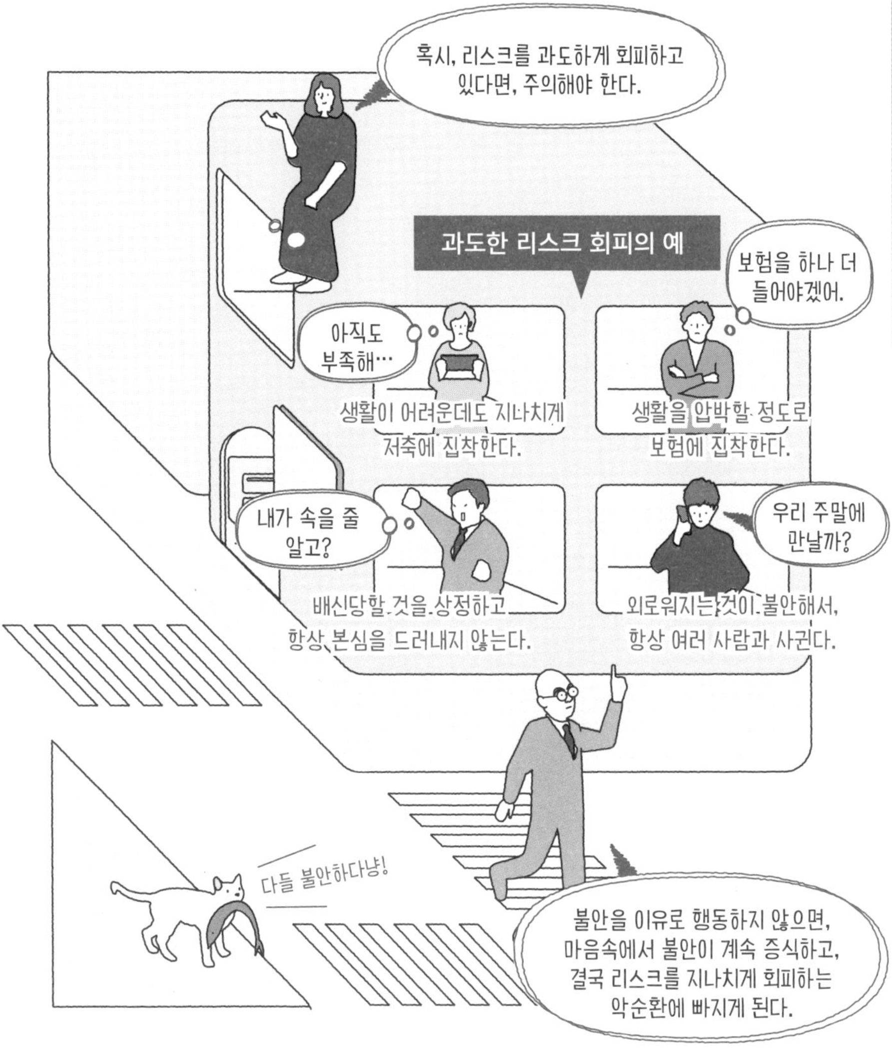

06 누구나 실패를 반복한다

실패를 너무 두려워하면 성장하지 못한다.
실패를 배움과 성장의 과정으로 삼자.

누구나 성공과 실패를 경험한다. 때때로 쓰리고 모진 일을 겪어도, '이런 일도 생길 수 있다'라며 받아넘기고 다시 도전하면서 성공과 실패를 거듭하다 보면 자연스럽게 자신감이 생긴다. 단 한 번의 실패나 충격적인 경험 때문에 힘들어하며 '그때 내가 그렇게 하지 않았더라면 이런 일을 당하지 않았을 텐데…'라고 곱씹고 '행동=위험'으로 인식해 버리면, 실패에 대한 기억이 점점 비대해진다.

행동하지 않으면 실패 경험이 비대해진다

살다 보면 실패의 아픔도 겪기 마련이다. 한 번 실패했으니 다음번에도 반드시 실패하란 법도 없다. 실패는 경험을 바라보는 하나의 관점일 뿐이다. 남들이 보기에는 실패로 보일지라도, 그 경험을 통해 무엇을 배웠는지를 깨닫고, 다음 단계로 나아갈 수 있다면 그것은 큰 성장이다. 인생에 실패는 없다. 성공과 성장만 있을 뿐이다.

'성공과 실패'가 아닌 '성공과 성장'으로 생각하자

07 결단을 미루면 행동이 느려진다

결단과 행동을 미루는 것은 기회 손실일 뿐만 아니라 상황을 악화시킬 가능성도 키운다.

미루는 사람은 전체를 보지 못하는 경향이 있다. 언제까지 해야 한다는 기한은 물론 알고 있지만, 전체 상황을 조망할 수 없고 일이 어떻게 진행될지 구체적으로 그리지 못한다. 그래서 '아직 시간이 있다…'라며 사고와 행동을 멈추는 것이다. 일찍 시작하면 해결할 수 있었을 일을 미루고 미루다가 막바지에 가서 단시간에 처리하려고 하니 품질이 떨어지고, 예상치 못한 변수 혹은 새로운 기회에 대응할 시간이 부족할 수밖에 없다.

미루는 습관의 폐해

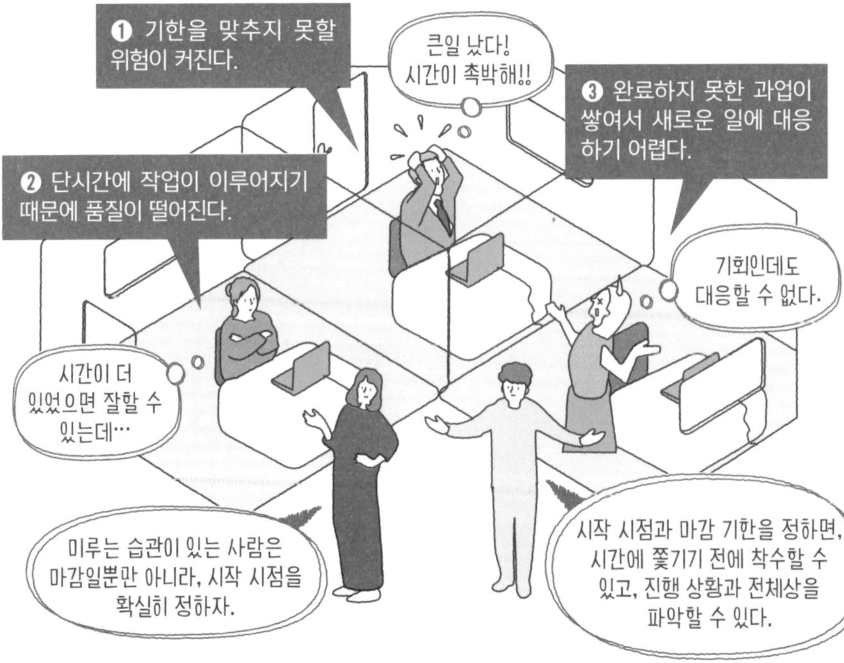

결단이 늦으면 기회 손실이 발생한다. 빨리 결정하고 행동에 옮겼더라면 얻을 수 있었던 결과나 기회, 혜택 등을 행동하지 않는 바람에 놓치게 될 가능성이 크다. 그뿐만이 아니다. 늦장을 부리는 사이에 경쟁자들이 먼저 재빠르게 행동에 나서면, 미처 대응할 틈도 없이 상황이 더욱 악화할 수도 있다. 결단을 망설이는 동안에도 현실은 끊임없이 변화하고 있다.

늦장 대응은 기회 손실과 상황 악화를 초래한다

해보고는 싶은데,
일이 많으면 어떡하지?
신규 사업
스타트업
멤버 모집!
갑작스러운 변화는
역시 불안해.
새로운 도전은 힘들지.
기회 손실
당신의 부서는
구조조정
대상입니다.
헉!
자네는
대기 발령
대상이네.
어째서
나에게 이런 일이…
혜택
성공
기회
성과
상황 악화
항상 수동적인 태도로 살면,
남이 시키는 대로 따를
수밖에 없다.

One point

변화나 미지의 것을 피하고 현상 유지를 원하는 심리적 작용을 '현상 유지 편향'이라고 한다. 결단을 내리지 못하는 사람은 무의식적으로 결정을 미룸으로써 일시적인 안도감을 얻지만, 이는 기회 손실과 상황 악화의 가능성을 키울 뿐이다.

08 타인의 결정보다 자신의 느낌이 중요하다

오지 않은 미래를 알 수 없듯, 해보지 않는 한 누구도 정답을 알 수 없다. 스스로 결단하고 행동해야 정답을 도출할 수 있다.

자기다운 인생을 살고 싶다면 어느 쪽이든 스스로 결단해야 한다. 타인의 종용과 요구에 수동적으로 대응하는 습성을 버리고, 자기가 결정하고 행동하는 습관을 기르는 것이다. 직접 결정하고 책임지는 태도와 마음가짐을 항상 의식하고 행동하면 반드시 결과가 나온다. 설령 그 결정이 좋지 못한 결과를 초래하더라도 다시 궤도를 수정하는 결정을 하면 된다.

스스로 결정하는 것이 중요하다

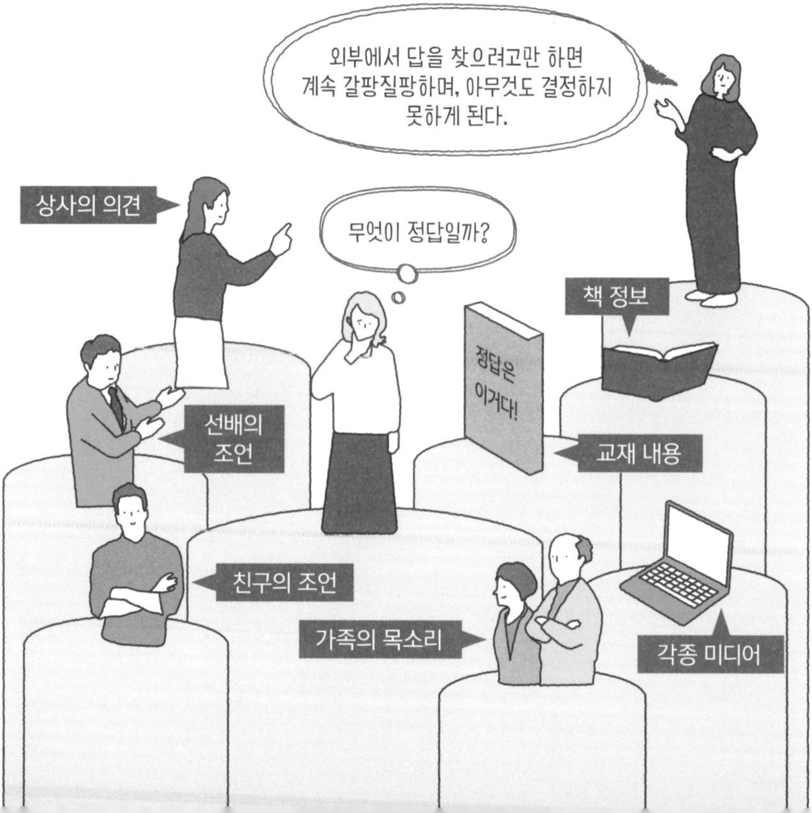

수많은 선택지 중에서 '이거다!' 싶은 답을 찾으려면, 자기 내면에서 떠오르는 '느낌'을 따를 수밖에 없다. 선택지 중 하나를 스스로 결정하고 행동에 옮기기 전까지는 정답이 존재하지 않는다. 자신의 본심과 느낌을 파악하기 힘들다면, 떠오르는 기분이나 감정을 글로 써 보자. 언어로 표현하는 과정에서 자기 의견이 보일 것이다.

자신의 느낌을 '가시화'하는 방법

09 결단을 방해하는 5대 요인을 직시한다

'불안'과 '집착'은 행동을 늦추고 '무지'는 결단을 늦춘다.

명쾌하게 결단을 내리지 못하는 타입이라면, 자신의 결단을 방해하는 요인이 무엇인지 파악하고 대책을 세워야 한다. 결단을 방해하는 대표적인 요인 5가지는 다음과 같다. ①과거에 대한 집착, ②미래에 대한 불안, ③현재에 대한 무지, ④타인의 평가에 대한 두려움, ⑤자기 불신

결단을 방해하는 5가지 요소

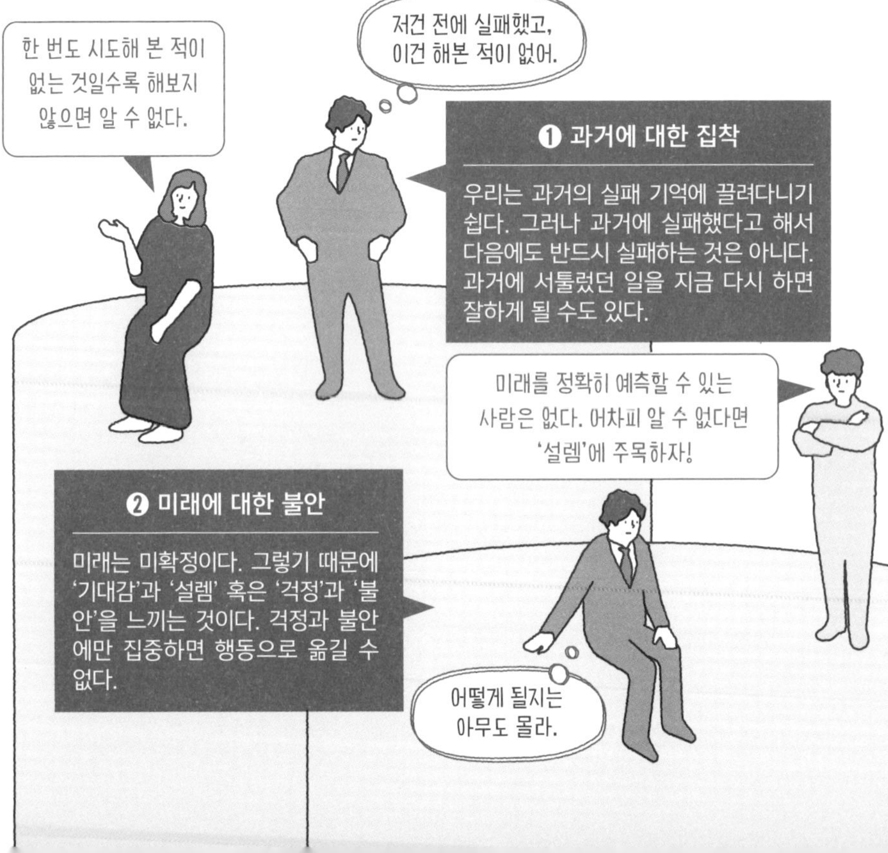
한 번도 시도해 본 적이 없는 것일수록 해보지 않으면 알 수 없다.
저건 전에 실패했고, 이건 해본 적이 없어.
❶ 과거에 대한 집착
우리는 과거의 실패 기억에 끌려다니기 쉽다. 그러나 과거에 실패했다고 해서 다음에도 반드시 실패하는 것은 아니다. 과거에 서툴렀던 일을 지금 다시 하면 잘하게 될 수도 있다.
미래를 정확히 예측할 수 있는 사람은 없다. 어차피 알 수 없다면 '설렘'에 주목하자!
❷ 미래에 대한 불안
미래는 미확정이다. 그렇기 때문에 '기대감'과 '설렘' 혹은 '걱정'과 '불안'을 느끼는 것이다. 걱정과 불안에만 집중하면 행동으로 옮길 수 없다.
어떻게 될지는 아무도 몰라.

'결단을 방해하는 5가지 요소' 중에 하나라도 해당하는 것이 있다면 행동으로 이어가기 힘들다. 행동하지 못하는 이유는 대부분 이 5가지 원인을 내포하고 있기 때문이다. 자신의 결단을 방해하는 요인이 무엇인지 확실히 파악하고, 자기 마음을 직시하는 태도로 대책을 세우면 '행동하는 사람'이 될 수 있다.

현재 상황을 전혀 파악하지 않은 채, 결단을 내리는 것은 무모하다.
현재 상황을 모르기 때문에 판단할 수 없다!
❸ 현재에 대한 무지
결단을 내리기 위해서는 '현재를 아는 것'이 중요하다. 사전에 정보를 수집하여 현재 상황과 환경, 다른 사람들의 움직임 등을 이해해야 한다.
❹ 타인의 평가에 대한 두려움
타인의 비판을 걱정하고 두려워하는 사람이 많다. 타인의 비판에 민감하면, 자신의 의견을 감추거나 사고 회로 정지로 인해 행동하지 못하게 된다.
보이는 대로 느끼고 마음대로 생각하는 것은 개인의 자유다. 타인의 시선을 지나치게 신경 쓸 필요는 없다.
사람들이 나를 싫어하는 것 같다.
❺ 자기 불신
자신을 믿지 못하거나 자신감이 부족하면, 스스로 결단하고 행동하는 것에 서툴고 그러한 상황이 곤혹스러울 수밖에 없다.
어차피 나는…
우선, 자기 자신을 속이지 말고, 자기가 한 말을 실행하자. 이를 반복하다 보면 자신에 대한 믿음이 생겨난다.

10 배움은 목표가 아니다

성장을 위해 배움은 중요하다. 단, 배움에서만 끝나면 변화는 일어나지 않는다.

성공을 추구하는 사람들 중에는 배움에 과도한 기대를 거는 이들이 있다. '성공한 사람의 강의를 들으면 내 인생도 바뀔 것이다', '시험에 합격하면 성공할 것이다', '자격증을 취득하면 돈을 벌 수 있다' 물론, 학습은 훌륭한 자기계발 수단이다. 하지만, 순수한 배움으로 끝내면 충분한 변화를 일으킬 수 없다. 목적을 의식하며 배우고, 습득한 지식과 기술을 활용하여 자신과 환경에 '변화'를 일으키는 것이 중요하다.

배움은 아웃풋과 행동으로 이어져야 한다

이 기술을 배우면
나는 발전할 수 있어!
지식과 기술을 내적으로만 축적하면 안 된다. 아웃풋을 하고 환경에 영향을 주어야 원하는 만큼 변화를 일으킬 수 있다.
다른 사람보다 지식과 기술이 풍부하니까 언젠가는 도움이 될 거야.
START
배우는 것만으로는 변화가 일어나지 않는다.

학습에는 '깨달음의 기쁨'과 '배움의 즐거움'이 있다. 그 자체도 훌륭하지만, 그것만으로는 변화가 일어나지 않는다. 배움을 활용하여 아웃풋을 하고 행동으로 연결해야 성과를 낼 수 있다. 이를 너무 거창하게 생각할 필요는 없다. 배운 지식을 내적으로만 간직하지 말고, 다른 사람에게 전파하거나 블로그, 개인 홈페이지 등에 공유하는 것만으로도 주변 세상에 변화가 일어난다.

Power of Execution
VISUAL NOTES

Chapter 03

실천가들의 사고와 행동을 분석한다

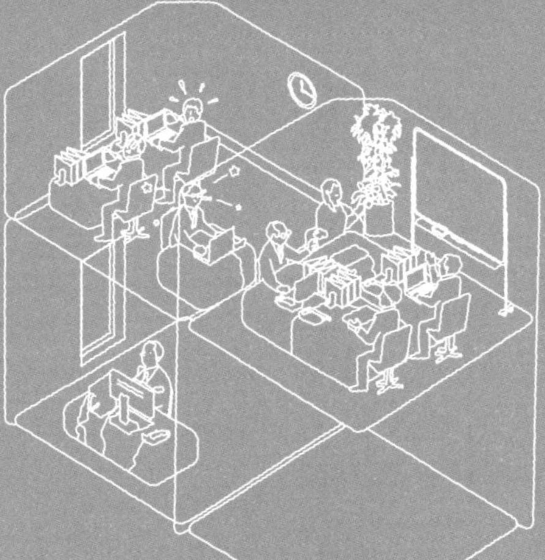

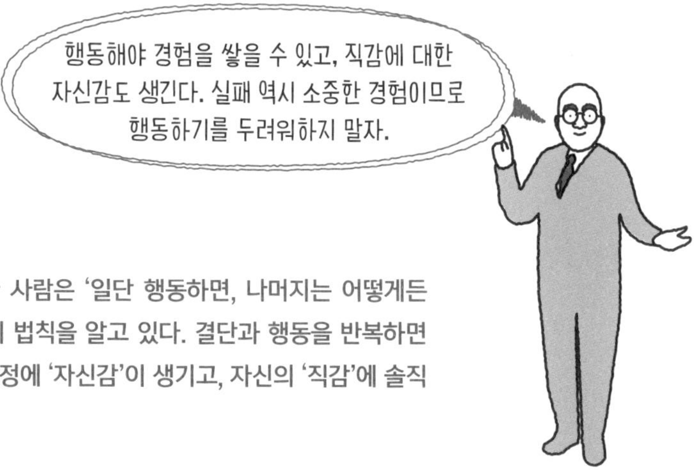
행동해야 경험을 쌓을 수 있고, 직감에 대한
자신감도 생긴다. 실패 역시 소중한 경험이므로
행동하기를 두려워하지 말자.

행동력이 강한 사람은 '일단 행동하면, 나머지는 어떻게든 된다'는 경험의 법칙을 알고 있다. 결단과 행동을 반복하면 자신의 의사결정에 '자신감'이 생기고, 자신의 '직감'에 솔직해질 수 있다.

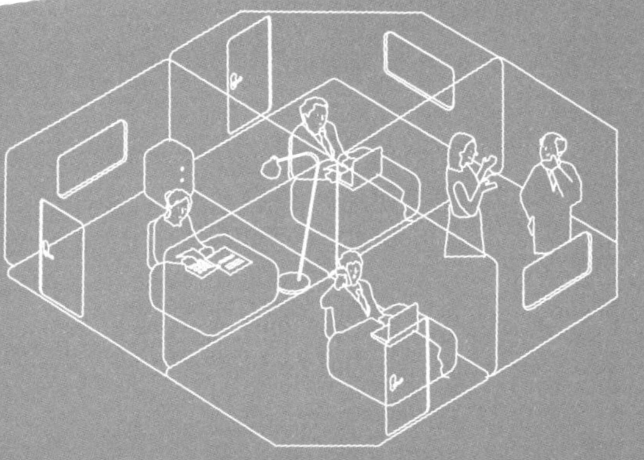

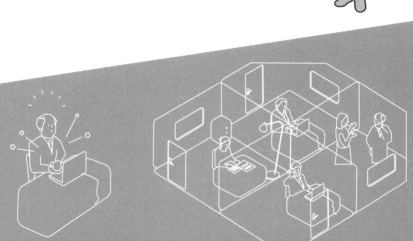

01 결단과 행동을 반복하면 자신감이 넘친다

자기결정력과 자기긍정감은 결단과 실행을 반복하는 과정에서 높아진다. 그 결과가 자신감으로 표출되는 것이다.

스스로 결정하고 실행한다. 결과를 검증하고 개선하며 대책을 세운다. 이 과정에서 일어나는 모든 결단은 스스로 내리는 것이므로 타인에게 조종당하거나, 지시를 따르는 수동적인 느낌이 없다. 결단이란, 자기 감각을 믿고 자기 판단을 긍정하는 것이다. 즉, 자신의 의사결정에 대한 자신감은 바로 결단을 내리고 행동으로 옮기는 과정을 반복하면서 성장한다.

결단과 행동의 반복이 선순환을 만든다

❶ 결단과 실행을 반복하면, '자기결정력'이 높아진다.
❷ 자신의 감각과 판단이 옳았음을 인정하다 보면, '자기긍정감'이 높아진다.
❸ '자기긍정감'이 높아지면, 자신을 사랑하게 되므로 행복감이 커진다.
❹ 자신을 사랑하게 되면, '자기신뢰감'이 높아지고 일에 자신감이 생긴다.
❺ 일에 자신감이 생기면, 의욕이 높아지고 동기 부여와 행동의 선순환이 만들어진다.

결단을 내리고 행동하기 위해서는 자기 자신을 잘 알아야 한다. 특히 자신의 마음이 중요하다. 상황이 자신에게 유리하고 업무 환경이나 근무 조건이 좋아도, 내면에서 의욕이 솟지 않으면, 진심으로 원하는 일이 아니다. 그런 경우는 행동할 필요가 없다. 행동하기 위해 가장 중요한 것은 마음속에서 진심으로 솟아나는 의욕이다. 그리고 자신을 행동하게 만드는 가장 큰 동기부여 요소는 '타협할 수 없는 가치관'과 '가슴 뛰는 미래상'이다.

'타협할 수 없는 가치관'과 '가슴 뛰는 미래상'이 중요하다

'이렇게 되고 싶다'고 생각하는 자기 모습과 상태. '어디서 누구와 무엇을 어떻게 하고 있는지'가 마치 눈앞에 펼쳐지듯 상상할 수 있는 미래의 모습.
타협할 수 없는 가치관
가슴 뛰는 미래상
'무슨 일이 있어도 굳건히 지키고 싶다'고 생각하는 자기 가치관. 잃거나 부정당하면 삶의 의욕을 상실할 정도로 소중히 여기는 것.
이 두 가지를 항상 의식하고 있는 사람은 빠르게 결단을 내리고 행동할 수 있다.

02 일단 행동하면 나머지는 어떻게든 된다

행동을 주저할수록 장벽이 점점 더 높게 느껴진다.
일단 행동을 시작해야만 연달아 넘어설 수 있다.

행동력이 있는 사람은 '일단 행동하면 나머지는 어떻게든 된다'는 경험의 법칙을 확실히 알고 있다. 일단 행동을 개시하면, 자신과 주변 환경이 함께 변화하고 성장하기 때문에 처음에는 어렵게 보였던 일도 자연스럽게 쉬워진다. 만약, 행동하지 않고 그 자리에 머물면, 주변 환경만 계속 변해서 장벽이 더 높아진다. 앞을 향해 한 걸음 한 걸음 내디디며 자신과 주변 환경을 모두 변화시키면, 어떤 장벽이 앞을 막아서도 굴하지 않고 뛰어넘을 용기와 지혜가 생긴다.

행동력은 눈덩이를 굴리는 것과 같다

인간은 의식이 향하는 방향으로 나아가는 성질이 있다. 유능한 실천가들은 이 속성을 무의식적으로 이해하고 있다. 실패를 걱정하지 않고 성공만 생각하기 때문에 일을 잘하는 것이다. 우리도 이 속성을 활용해 보자. 낙관적인 태도를 유지하고 '어떻게 하면 앞으로 나아갈 수 있을까?'를 끊임없이 생각하다 보면, 실패를 걱정할 겨를이 없어진다.

성공하기 위한 행동을 철저히 생각한다

창업 5년 만에 성공 신화를 쓴 ○○○ 대표
내 성공 스토리가 신문에 실렸다!
❶ 기분이 최고 좋을 때, 자신이 성공한 장면을 상상한다.
어떤 방법이 가장 좋을까?
더 좋은 방법은 없을까?
더 효과적인 방법은 없을까?
❷ 그 성공을 절실히 원하는 마음으로 어떻게 행동할 것인지 검토하고 아이디어를 적어나간다.
온라인 쇼핑몰에서만 판매하면 비용을 줄일 수 있다.
해외 진출로 판로를 확대하자.
❸'실패'라는 두 글자가 떠올라 불안감이 느껴지면, 그 '실패'를 피하는 방안에 대한 아이디어를 구상한다.
어떻게 하면 성공할 수 있을지 생각하고, 방안이 보이면 실행에 옮기자. 실패를 걱정하지 말고, 실패하지 않는 방법에 계속 의식을 집중한다.

03 고민하지 말고, 생각한다

행동하기 위해서는 '고민'이 아닌, '생각'을 항상 의식해야 한다.

민첩하게 행동하는 사람은 생각은 하되, 고민하지 않는다. '생각한다'와 '고민한다'는 비슷한 듯해도 의미가 전혀 다르다. '생각한다'는 해결책을 찾기 위해 논리적인 사고방식으로 머리를 쓰는 것이다. '고민한다'는 행동으로 이어지지 않는 방식으로 현재 상황만 고려하는 것이다. 해결책을 도모하려고 애를 태우지만, 결론을 내리지 못하고 행동을 취하지 않는다. 그리고 '생각한다'고 착각하는 것이다.

고민하는 사람의 5가지 특징

생각하고 결론을 냈다면 그 뒤는 행동만 남는다. 하지만 고민을 거듭하는 사람은 '누구는 이렇게 말하던데, 당신은 어떻게 생각해?'라는 식으로 여러 사람에게 상담을 반복하며 행동을 미룬다. 만약, 이러한 사이클에 빠져있다면, '5단계 생각 프로세스'를 실천해 보자. 그래야 '고민'의 늪에서 탈출할 수 있다.

5단계 생각 프로세스를 실천한다

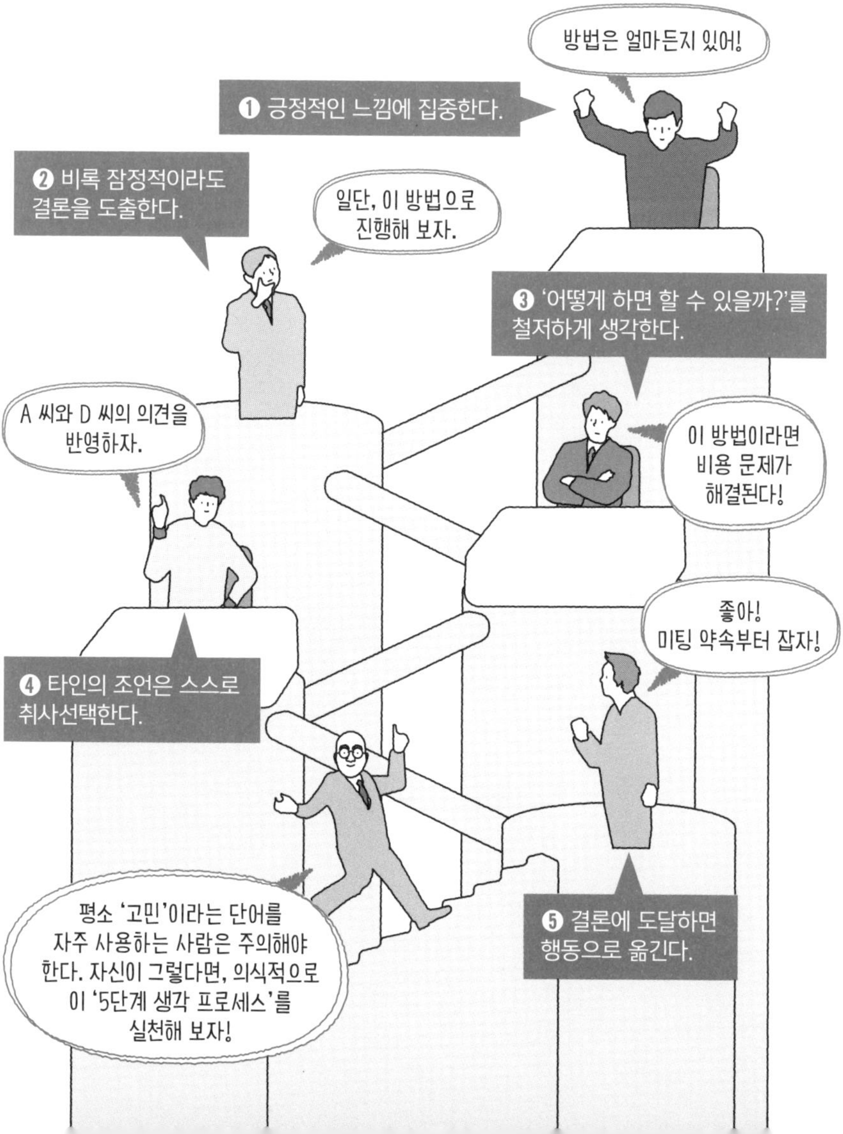

04 구체적인 시뮬레이션으로 행동을 촉진한다

마음이 불안해서 행동으로 옮기지 못할 때가 있다. 불안을 해소하려면 목적지까지의 여정을 구체적으로 설계한 내비게이션이 있어야 한다.

결단을 내리고 바로 행동하는 사람은 머릿속에 '내비게이션'을 설계해 놓고 있다. 흔히 '목표를 정하는 것이 중요하다'고들 하지만, 목표를 설정하는 것만으로는 진행 방법을 알 수 없다. 중요한 것은 목표까지 이어지는 여정을 설계한 '내비게이션'이다. '현재 위치', '경로', '목적지'를 명확히 설계한 내비게이션이 있어야 목적지에 정확하고 빠르게 도달할 수 있다.

내비게이션을 설계하는 방법

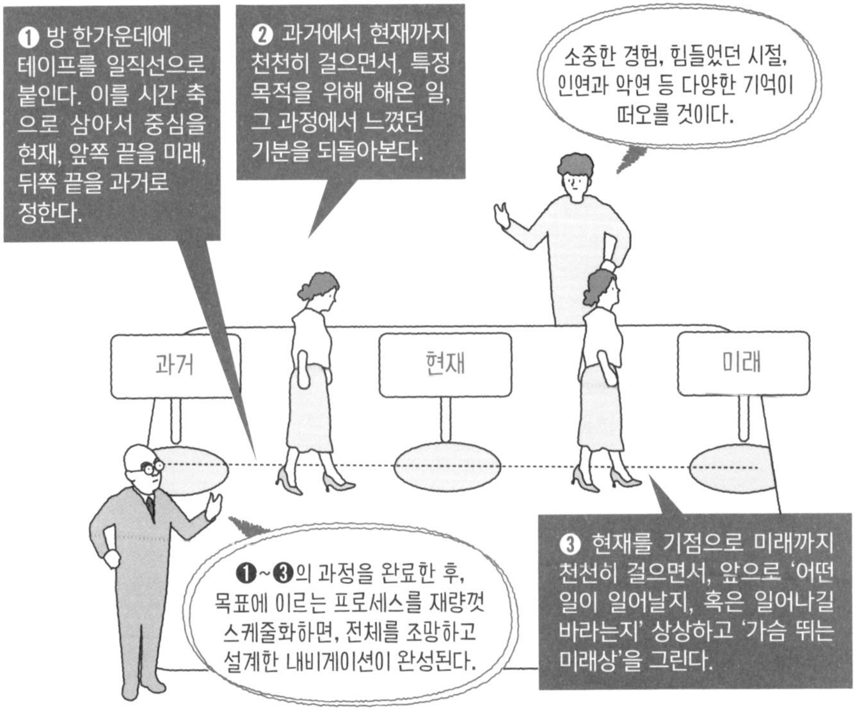
❶ 방 한가운데에 테이프를 일직선으로 붙인다. 이를 시간 축으로 삼아서 중심을 현재, 앞쪽 끝을 미래, 뒤쪽 끝을 과거로 정한다.
❷ 과거에서 현재까지 천천히 걸으면서, 특정 목적을 위해 해온 일, 그 과정에서 느꼈던 기분을 되돌아본다.
소중한 경험, 힘들었던 시절, 인연과 악연 등 다양한 기억이 떠오를 것이다.
과거
현재
미래
❶~❸의 과정을 완료한 후, 목표에 이르는 프로세스를 재량껏 스케줄화하면, 전체를 조망하고 설계한 내비게이션이 완성된다.
❸ 현재를 기점으로 미래까지 천천히 걸으면서, 앞으로 '어떤 일이 일어날지, 혹은 일어나길 바라는지' 상상하고 '가슴 뛰는 미래상'을 그린다.

적극적으로 행동하는 사람은 불안을 덮어두거나 외면하지 않고 즉시 해소한다. 그들이 불안을 해소하는 특별한 방법은 '최악의 시나리오'와 '최선의 시나리오' 그리고 '실패를 만회하는 시나리오'를 구체적으로 시뮬레이션하는 것이다. 단순히 '최악의 상황이 벌어지면 어떡하지…'라며 걱정하는 것보다는 '지금 할 수 있는 일', '실패 대책과 회복 계책'을 구체적으로 구상하는 것이 훨씬 긍정적인 불안 해소책이다.

구체적인 시뮬레이션으로 불안감 해소하기

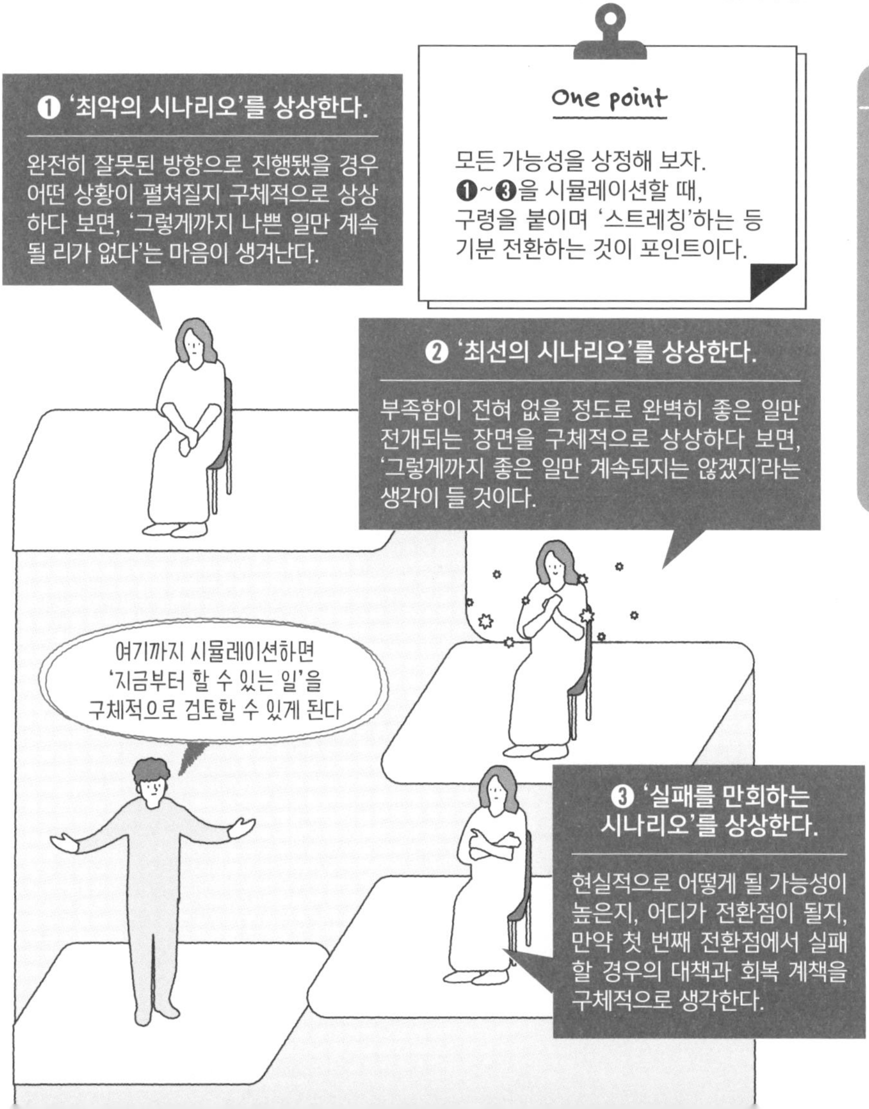
One point
모든 가능성을 상정해 보자.
❶~❸을 시뮬레이션할 때,
구령을 붙이며 '스트레칭'하는 등
기분 전환하는 것이 포인트이다.
❶ '최악의 시나리오'를 상상한다.
완전히 잘못된 방향으로 진행됐을 경우 어떤 상황이 펼쳐질지 구체적으로 상상하다 보면, '그렇게까지 나쁜 일만 계속될 리가 없다'는 마음이 생겨난다.
❷ '최선의 시나리오'를 상상한다.
부족함이 전혀 없을 정도로 완벽히 좋은 일만 전개되는 장면을 구체적으로 상상하다 보면, '그렇게까지 좋은 일만 계속되지는 않겠지'라는 생각이 들 것이다.
여기까지 시뮬레이션하면
'지금부터 할 수 있는 일'을
구체적으로 검토할 수 있게 된다
❸ '실패를 만회하는 시나리오'를 상상한다.
현실적으로 어떻게 될 가능성이 높은지, 어디가 전환점이 될지, 만약 첫 번째 전환점에서 실패할 경우의 대책과 회복 계책을 구체적으로 생각한다.

프로세스를 세분화하고
작은 걸음부터 내디딘다

최초의 '작은 행동'이 큰 성공을 위한 첫걸음이다.
우선 '베이비 스텝'부터 시작하자.

'한낱 꿈에 매달리지 말고 현실을 직시하라'고 말하는 사람들이 있다. 그러나 끊임없이 행동하고 큰 성공을 거둔 사람들은 하나같이 '꿈'을 소중히 여긴다. 결코, 단 한 번의 비약으로 꿈에 도달할 수는 없다. 엄청난 성공을 거머쥔 사람들 역시 처음에는 작은 행동부터 시작했다. 큰 꿈을 향해 나아갈 수 있는 작은 걸음을 찾아내고, 직접 행동에 옮기는 것이 중요하다.

과업을 구상하는 6단계 사고 프로세스

❶ 구체적으로는?

'언제, 어디서, 누가, 무엇을, 왜, 어떻게'를 활용하여 구체적으로 과업을 구상한다.

❷ 그 외는?

❶의 '구체적으로는?'은 과업에 대한 이해를 심화하는 질문이지만, '그 외는?'이란 질문은 놓치는 것이 없도록 과업의 범위를 확장하는 과정이다. '심화·확장'을 통해 과업의 세부 사항이 명확해진다.

과업의 핵심은 판로야.

구체적으로 무엇을 이떻게 해야 하는 과업인가?

또 다른 과업이 있지 않을까?

❸ 요컨대?

과업을 심화하고 범위를 확장한 뒤, 문제의 핵심을 정리하는 질문이다. 모든 문제를 빠짐없이 밝혀내고 (❶, ❷), 해결해야 할 중요한 과업을 '정리'하면(❸) 상황을 심플하게 파악할 수 있다.

'작은 행동'을 찾아내려면 단순하게 생각하는 것이 중요하다. 과업의 프로세스를 세분화하고, 각각의 프로세스를 단순화하면 '작은 행동'을 찾아낼 수 있다. 첫걸음을 '베이비 스텝baby step'이라고 한다. 처음에는 아기처럼 조심스레 한 걸음씩 내딛어도 괜찮다. 그 걸음마가 마침내는 승리를 자축하는 '위닝 런winning run'에 이를 것이다. 그렇게 '가슴 뛰는 미래상'이 현실화하는 것이다.

⑤ 과업 완수를 위해 할 수 있는 일을 찾아본다.
④에서 성공의 이미지를 포착했다면, 가슴 뛰는 미래상을 실현할 방법들을 생각나는 대로 적어본다. 그중에서 가장 좋은 방법을 골라 구체적으로 시뮬레이션한다.
⑥ 최초로 일으킬 행동을 탐색한다.
'가슴 뛰는 미래상'을 실현할 방법을 찾았다면, 그 첫 단계가 무엇인지 생각해 보자. 실제로 행동으로 옮길 수만 있다면 아무리 작은 일이라도 상관없다.
우선 판로 개척을 위한 제휴 기준을 잡아 보자!
해야 할 일이 보이기 시작했다.
해외에서도 인기를 얻어 매출이 두 배로 증가!
지금 당장 할 수 있는 작은 행동부터 시작한다면, 절대 실패하지 않을 작은 발걸음이 될 것이다.
④ 과업 완수 후의 상황을 상상한다.
③에서 과업의 핵심을 파악했다면, 그것을 어떻게 해결하면 좋을지, 더 개선한다면 어떤 상태가 될지 생각한다. '거래처로부터 좋은 조건을 제안받는다' 등 과업 완수 후의 상황도 현실적으로 상상해 보자.

06 능력을 따지기 전에 무엇이 필요한지부터 파악한다

목표 달성 능력이 있는지를 따지기 전에, 목표 달성에 필요한 능력이 무엇인지를 파악한다.

기업과 조직은 적재적소에 인력을 배치하여 업무 효율을 높이고자 한다. 이때 평가 기준이 되는 것이 '능력'이다. 하지만 개인의 능력이 실제로 얼마나 발현될지는 현장 상황에 따라 달라질 수 있기 때문에, 능력을 사전에 검증하기란 극히 어려운 일이다. 그래서 행동력이 뛰어난 사람은 자신이 능력이 있는지 없는지를 신경 쓰지 않는다. 그보다, '가슴 뛰는 미래상'을 기준으로 역산하여 어떤 능력이 발현되어야 할지를 생각한다.

꿈을 실현하기 위해 지금 '필요한 능력'을 역산하는 방법

먼저, '가슴 뛰는 미래상'이 실제로 이루어진 순간을 생생하게 상상하며 성공한 자신과 달라진 환경, 달성한 결과를 충분히 음미한다. 그 후에 미래상이 실현되는데 필요한 능력이 무엇인지 구체적으로 그리는 것이다. 실행력이 뛰어난 사람은 현재의 능력 수준을 걱정하지 않는다. 그 대신 '가슴 뛰는 미래상'으로부터 필요한 능력을 도출하고 첫 단추를 끼울 행동을 특정하여 바로 실행에 옮긴다.

07 아침 15분이 행동을 바꾼다

매일 아침 '가슴 뛰는 미래상'을 상상하면, 하루가 놀랄 만큼 활기차게 빛난다.

행동하는 사람에게 아침은 매우 소중한 시간이다. 아침 시간을 잘 활용해야 하루를 효율적으로 보낼 수 있기 때문이다. 아침 식사 전이나 후에 10~15분 정도 시간을 내어 간략히 하루 계획을 점검하자. 일러스트에서 제시하는 순서대로 그날 일정을 확인하면, 헛된 수고로 행동을 낭비하지 않을 수 있다. 점검 시간을 거친 후, 업무든 학업이든 계획에 따라 하루를 시작하자.

아침 15분, 일과 점검이 하루를 빛나게 한다

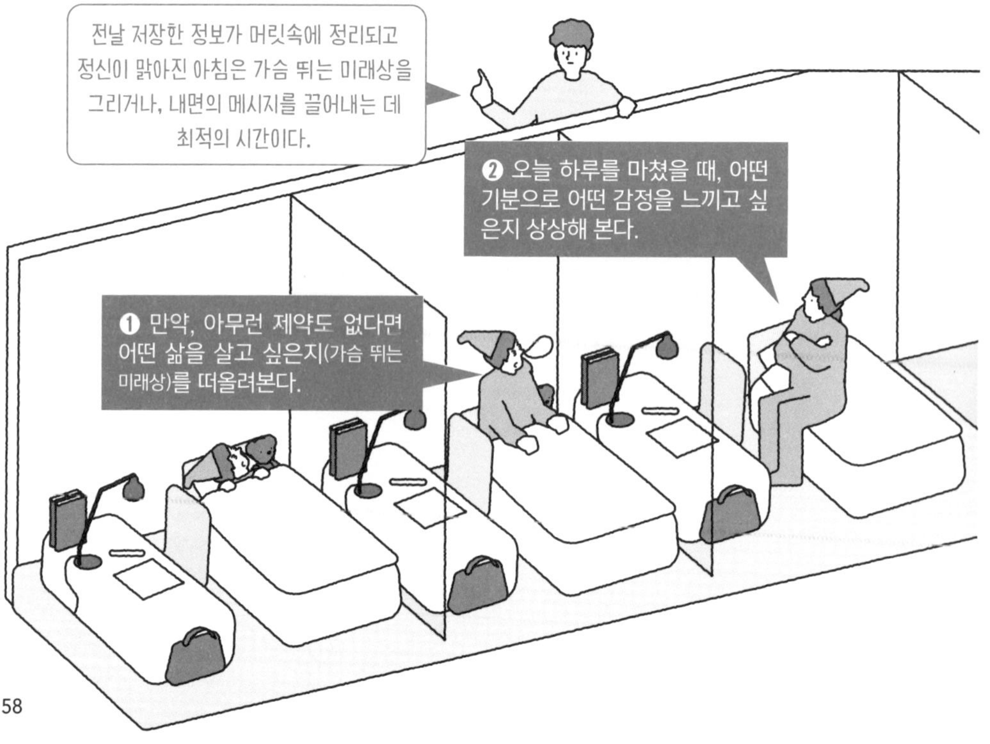

하루를 시작할 때, '타협할 수 없는 가치관'과 '가슴 뛰는 미래상'을 떠올리며 아침부터 저녁까지의 행동을 점검하면, 이후 모든 행동이 자신의 가치관과 미래상에 연결된다. 그날의 작은 행동 하나하나가 '타협할 수 없는 가치관'과 '가슴 뛰는 미래상'을 실현하기 위한 발걸음이 되는 것이다. 아침에 단 10~15분만 투자하면, 하루가 놀라울 정도로 생동감 있게 빛나기 시작할 것이다.

08 직감을 믿고 일단 해 본다

흥미롭고 설레는 일이 있다면 직감을 믿고 일단 해보자.
그 시작이 인생에 큰 변화를 불러온다.

바로 행동할 수 있는 사람은 일단 해보고, 그 과정에서 큰 가치를 발견한다. 건강을 챙기는 습관을 만들기로 결심했다면, '자기 전에 30분간 스트레칭을 한다'와 같이 간편하고 쉬운 것부터 시작한다. 하지 않는 것보다 아무리 작은 실천이라도 해보는 편이 훨씬 더 많은 것을 깨닫고 배울 수 있다. 직접 해 봐야 아닌 이유도 알고 철수도 빨리할 수 있다. 최대한 작은 단위까지 행동을 세분화하여 일단 해보자!

일단, 작은 한 걸음부터 시작한다

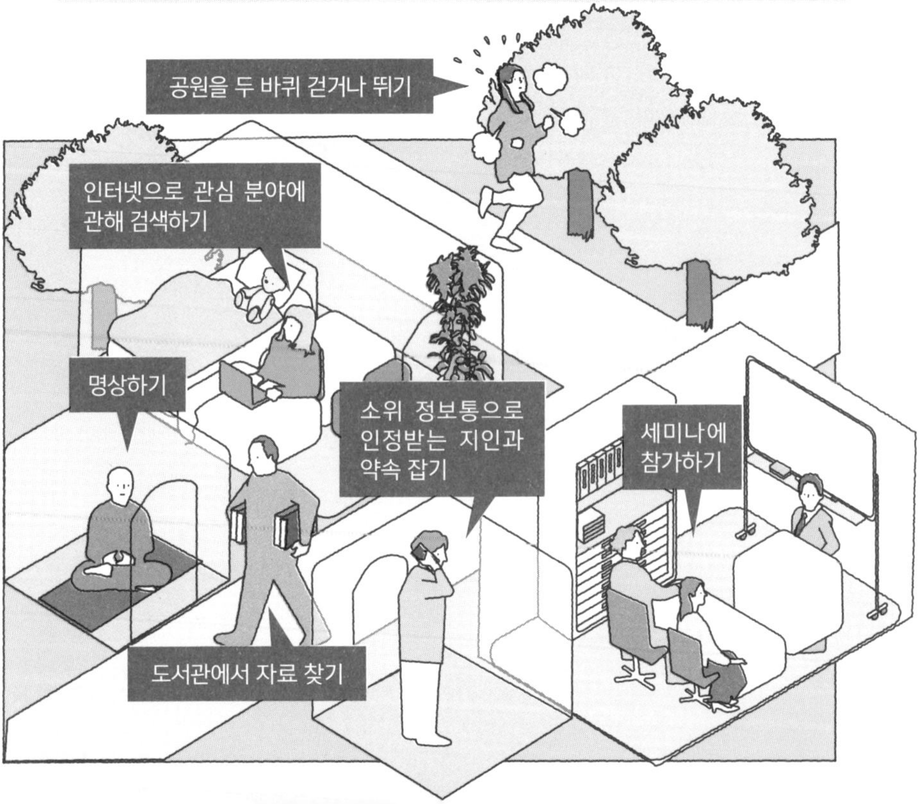
공원을 두 바퀴 걷거나 뛰기
인터넷으로 관심 분야에 관해 검색하기
명상하기
소위 정보통으로 인정받는 지인과 약속 잡기
세미나에 참가하기
도서관에서 자료 찾기

어떤 일을 시도할 때 중요한 것은 자신의 직감을 따르는 것이다. 흥미롭고 설레는 순수한 느낌을 믿고 솔직하게 행동해 보자. 중요한 전제는 '타협할 수 없는 가치관'과 '가슴 뛰는 미래상'이 명확해야 한다는 것이다. 그래야 자신의 직감을 신뢰할 수 있다. 직감을 믿고 내딛는 작은 한 걸음이 인생에 큰 변화를 일으킨다.

Power of Execution
VISUAL NOTES

Chapter 04

바로 실행하는 기술을 훈련한다

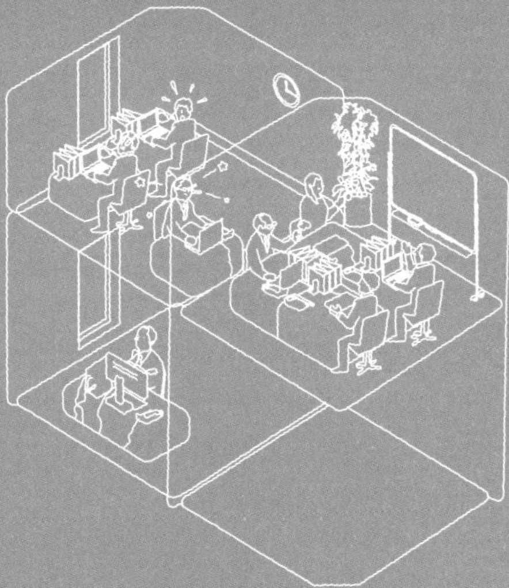

이 장에서 소개할 바로 행동에 옮기는
다양한 기술들을 시도해 보자. 행동할 수 있는 때는
'지금, 이 순간'뿐이다!

약간의 요령을 터득하고 사고방식을 바꾸면 즉시 행동하는 사람이 될 수 있다. 이 장에서는 불안과 두려움으로 행동을 머뭇거리는 마음을 낙관적으로 길들이고 의욕을 불러일으키는 방법을 소개한다.

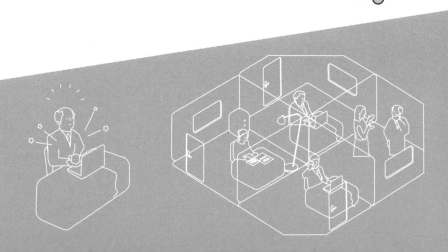

01 기분은 스스로 선택할 수 있다

생각과 결심을 행동으로 옮기는 것이 어렵게 느껴질 때는 기분을 조절하여 의욕을 북돋아 보자.

기분은 마음에서 비롯되어 한동안 이어지는 감정이며, 바로 행동할 수 있느냐 없느냐를 결정하는 데 지대한 영향을 미친다. 다만, 우리가 명심해야 할 전제 조건은 '기분은 스스로 선택할 수 있다'는 점이다. 슬픈 기분에 빠지고 싶으면 우울한 말과 행동을 하면 되고, 명랑한 기분을 느끼고 싶으면 쾌활한 말과 행동을 하면 된다. 사실, 이를 알면서도 무력감에 빠지거나 침울해지는 등 감정에 휘둘리는 것이 인간이기도 하다.

기분을 선택하는 5가지 포인트

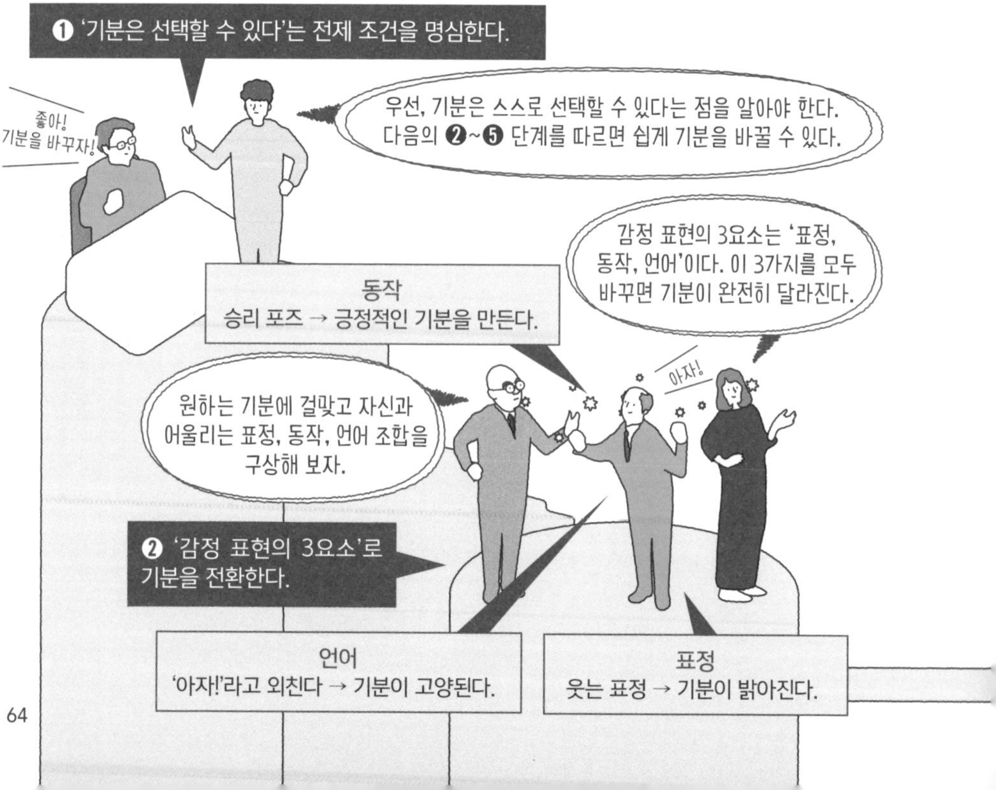
❶ '기분은 선택할 수 있다'는 전제 조건을 명심한다.
좋아! 기분을 바꾸자!
우선, 기분은 스스로 선택할 수 있다는 점을 알아야 한다. 다음의 ❷~❺ 단계를 따르면 쉽게 기분을 바꿀 수 있다.
감정 표현의 3요소는 '표정, 동작, 언어'이다. 이 3가지를 모두 바꾸면 기분이 완전히 달라진다.
동작
승리 포즈 → 긍정적인 기분을 만든다.
아자!
원하는 기분에 걸맞고 자신과 어울리는 표정, 동작, 언어 조합을 구상해 보자.
❷ '감정 표현의 3요소'로 기분을 전환한다.
언어
'아자!'라고 외친다 → 기분이 고양된다.
표정
웃는 표정 → 기분이 밝아진다.

기분은 사고와 행동에도 큰 영향을 미친다. 편안하고 명랑한 기분일 때는 긍정적인 생각이 솟구치고, 어둡고 우울한 기분일 때는 부정적인 생각에 빠진다. 많은 사람이 '도무지 기분을 통제할 수 없다'고 단정 짓지만, 이는 잘못된 믿음이다. 부정적인 감정에 젖어 들고 있다면, '감정 표현의 3요소(표정, 동작, 언어)'를 활용하여 기분 전환을 시도해 보자.

❺ 주변 환경을 바꾸면 기분도 바뀐다.
잠깐, 바깥 공기를 마시고 오자.
우울감이 밀려오면, 그 장소에서 벗어나는 것으로 기분을 전환할 수 있다. 또한, 책상 주변을 정리하거나 좋아하는 물건을 눈에 잘 띄는 곳에 배치하는 것도 도움이 된다.
대회에서 우승한 모습
신나고 설레는 기분을 고조시키고 싶을 때는 사업이 크게 성공한 모습, 여행지에서 즐겁게 노는 모습 등 '가슴 뛰는 미래상'을 떠올림으로써 기분을 고양할 수 있다.
기분은 과거의 한때를 떠올림으로써 불러일으킬 수 있다. 즉, 어떤 경험을 떠올리느냐에 따라 기분을 긍정적으로도 부정적으로도 바꿀 수 있다.
❹ 설레는 미래를 상상한다.
그 여행은 참 즐거웠어!
생각할 때마다 화가 나!
❸ 과거의 좋은 추억을 떠올린다.

4 바로 실행하는 기술을 훈련한다

02 전체상을 조망한다

귀찮고 재미없게 느껴지는 일이라도 그 의미를 생각하면 새로운 관점을 얻을 수 있다.

행동하고 성과를 내는 사람은 자기가 하는 일의 의미를 항상 생각한다. 관련자 전체를 조망하고, 맡은 일이 사회적 영향 관계 속에서 어떻게 상호 작용할지를 항상 생각하며 행동하는 것이다. 예를 들어, 전체를 보지 않는 사람은 보고서 작성을 귀찮게 여기는 데 반해, 행동으로 성과를 내는 사람은 '보고서를 위해 영업 수치를 파악하는 것은 앞으로 해야 할 일을 명확히 하기 위한 정보 수집이다'라며 일의 의미와 상호 관련성을 이해하고 진행한다.

전체를 조망하는 습관을 기르자

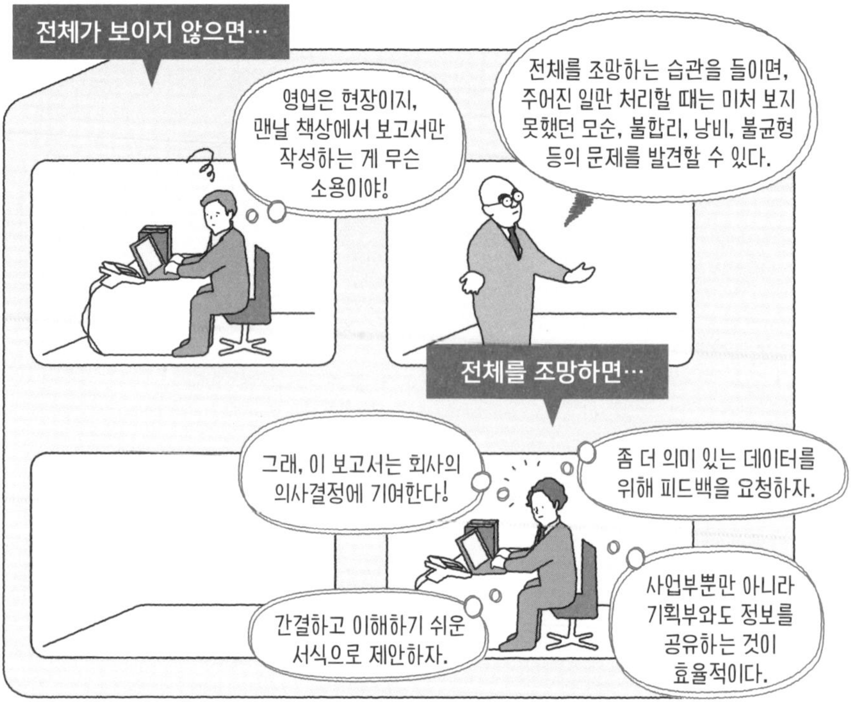

전체를 조망하는 방법은 의외로 정말 간단하다. 예를 들어 직장인이라면 상사, 그 윗 상사, 부장, 사장 순으로 직급을 올리면서 그들의 위치에서 '무엇을 어떻게 느끼는지' 상상해 보는 것이다. 전체를 조망하기 위한 '관점 전환 활동'을 따라 해 보면 각각의 입장을 더욱 현실적으로 상상할 수 있다.

전체를 조망하는 '관점 전환 활동'

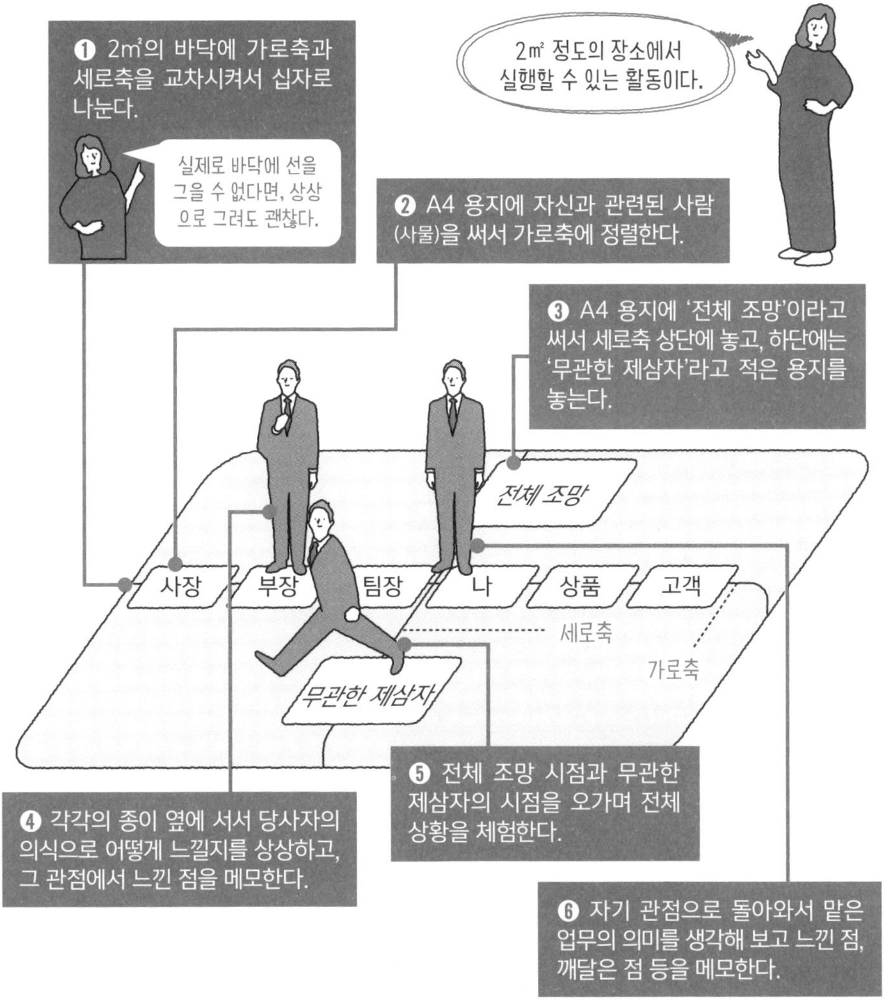

❶ 2㎡의 바닥에 가로축과 세로축을 교차시켜서 십자로 나눈다.
실제로 바닥에 선을 그을 수 없다면, 상상으로 그려도 괜찮다.
2㎡ 정도의 장소에서 실행할 수 있는 활동이다.
❷ A4 용지에 자신과 관련된 사람(사물)을 써서 가로축에 정렬한다.
❸ A4 용지에 '전체 조망'이라고 써서 세로축 상단에 놓고, 하단에는 '무관한 제삼자'라고 적은 용지를 놓는다.
전체 조망
사장
부장
팀장
나
상품
고객
세로축
가로축
무관한 제삼자
❹ 각각의 종이 옆에 서서 당사자의 의식으로 어떻게 느낄지를 상상하고, 그 관점에서 느낀 점을 메모한다.
❺ 전체 조망 시점과 무관한 제삼자의 시점을 오가며 전체 상황을 체험한다.
❻ 자기 관점으로 돌아와서 맡은 업무의 의미를 생각해 보고 느낀 점, 깨달은 점 등을 메모한다.

03 불필요한 선택지를 걸러낸다

과업을 너무 많이 안고 있으면 한 가지에 집중할 수 없다.
불필요한 선택지는 미리 걸러내야 한다.

바로 행동하는 사람들이 '지금, 이 순간'에 집중하기 위해 반드시 거치는 과정이 있다. 지금 할 수 있는 일의 규모를 정리하고 '불필요한 선택지를 걸러내는 것'이다. 그다지 중요하지 않은 일(시간, 물건)까지 모두 감당하려고 들면, 에너지가 분산되고 정신이 산만해질 수밖에 없다. 원하지 않는 일, 불필요한 물건, 낭비하는 시간 등은 점진적으로 걸러내고 지금 할 수 있는 일에 집중하자.

불필요한 '시간·물건'을 의식적으로 찾는다

❶ 낭비하는 시간을 찾는다.
SNS로 시간 보내기
목적 없는 인터넷 서핑
멍하게 TV 보기
❷ 불필요한 물건을 찾는다.
오래된 서류
오래된 책
안 입는 옷
지금에 집중하기 위해 불필요한 것들을 의식적으로 선별하자.

선택지는 많으면 많을수록 좋은 것일까? 선택지가 너무 많으면 무기력해지고 되레 결정이 어려워진다. 단, 아이디어를 창출할 때는 가능한 한 많은 선택지를 풀어놓아야 정말 혁신적인 아이디어를 발견할 수 있다. 따라서 양적으로 쏟아내는 단계와 질적으로 압축하는 단계로 구분하는 것이 좋다. 다양한 아이디어를 마음껏 펼친 후 좋은 아이디어를 선별하는 과정을 거치면 의사결정의 효율성이 높아진다.

'양을 늘리는 단계'와 '질을 높이는 단계'로 나누기

브레인스토밍 규칙
□ 무조건 많이 내라! (질보다 양)
□ 아이디어를 부정·비판하지 않는다. (비판엄금)
□ 타인의 아이디어에 편승해도 괜찮다. (결합편승)
□ 기발한 아이디어 대환영! (자유분방)
아이디어 창출과 선택은 2단계로 나눠서 생각하자.
브레인스토밍은 양을 늘리는 단계에 적합하다. 질을 따지지 말고, 대량의 아이디어를 쏟아낸 후, 나온 아이디어를 분류하고 통합하는 작업을 한다.
❶ 양을 늘리는 단계
❷ 질을 높이는 단계
선별 및 축소의 예시
□ 실현 가능성
□ 비용의 한계
□ 고객 니즈
□ 시장 상황
❶의 작업이 끝나면, 다음은 조건별로 아이디어를 선별한다. 이 통합·축소 과정을 통해 양질의 아이디어를 도출할 수 있다.
적정한 아이디어들을 골라낸 후, 선택하면 된다.

04 불안과 잡념을 에너지로 치환한다

불안이 너무 커서 행동에 옮기지 못할 때, '마인드 체인지 박스' 기법을 시도해 보자.

행동을 방해하는 큰 요인 중 하나가 '불안'이다. 이번에는 불안을 내려놓는 '마인드 체인지 박스' 명상 기술을 배워보자. 헤미싱크 Hemi-Sync 라는 음향 기술을 이용한 명상 시스템으로, 명상 준비 단계에서 실행하는 기법을 응용한 것이다. 걱정과 잡념을 내려놓고 집중력을 높일 수 있다.

불안을 없애는 '마인드 체인지 박스'

❶ 먼저, 심호흡으로
긴장을 푼다.
❷ 눈을 감고,
내 앞에 견고한 상자가
놓여 있다고 상상한다.
❸ 그 상자에는 튼튼한
뚜껑이 달려 있다.
불안감이 엄습할 때마다 실천하면,
도전을 향한 마음이 흔들리지 않게 된다.

'마인드 체인지 박스' 명상 과정을 마친 후, 지금까지 나의 행동을 방해해 온 불안과 잡념이 상자 안에 담긴 채, 마음속 멀리 외딴곳에 보관된 이미지를 상상한다. 이 상자는 언제든지 다시 가지고 와서 뚜껑을 열고 내용물을 꺼낼 수 있다. 상자 속에 담긴 불안은 격려와 응원의 따뜻한 에너지로 치환되고 있다. 도전에 맞서도록 행동을 독려하는 강력한 힘이 자기 내면 어딘가에서 생산되고 있는 것이다.

리스크에 대한 두려움
온갖 잡념
모든 불안
❹ 튼튼한 뚜껑을 열면 상자 속은 바닥이 없는 4차원 공간이 되고 무엇이든 담을 수 있다.
❺ 행동을 주저하게 만든 불안감, 리스크를 회피하게 만든 두려움 등 도전을 방해해 온 것들을 모두 상자에 집어넣는다. 이때, 하나하나 상기하지 말고, 한데 뭉쳐서 넣는 이미지를 떠올린다.
❻ 뚜껑을 닫은 후, 마음속 멀리 외딴곳으로 상자를 밀어낸다.

05 마음을 비우고 지금, 여기에 집중하는 방법

마음을 비우고 낙관적인 기분이 되면 집중력과 행동력이 높아진다.

행동력이 뛰어난 사람은 낙관적인 마음가짐을 기저에 두고 '지금, 여기'에 집중한다. 현재를 즐기며, 모든 변화를 받아들이는 유연한 태도로 항시 안정된 기분을 유지하는 것이다. 그래서 언제든 어디서든 바로 행동할 준비가 되어 있다. 행동력을 키우기 위해서는 마음을 '백지상태'로 만들고 모든 가능성을 열어 두어야 한다.

낙관적인 백지상태를 만드는 10초 수련법

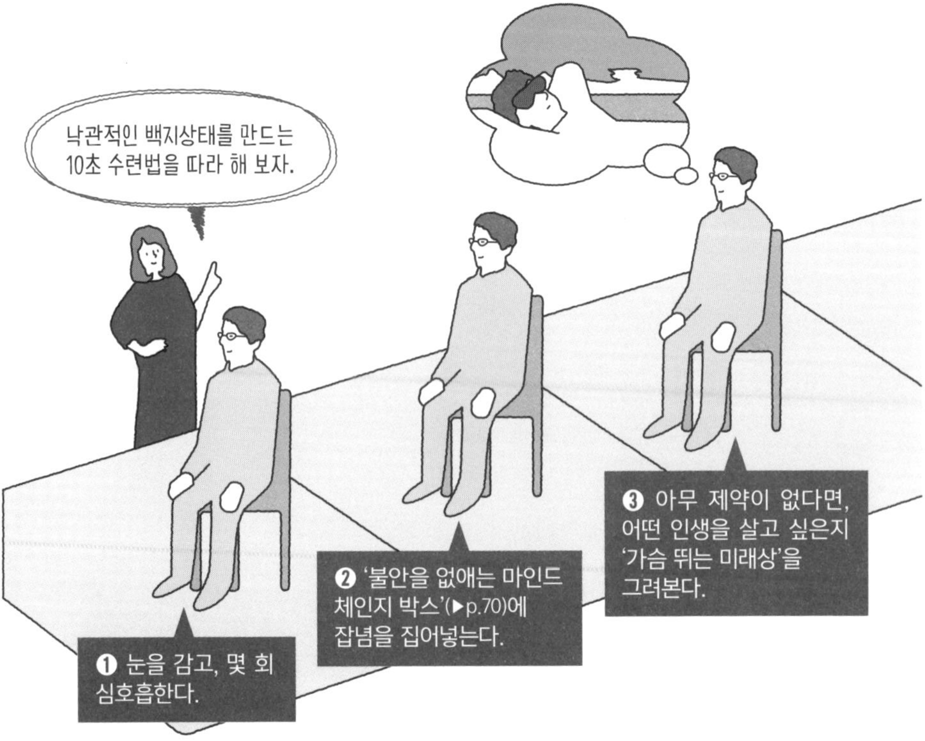
낙관적인 백지상태를 만드는
10초 수련법을 따라 해 보자.
❶ 눈을 감고, 몇 회 심호흡한다.
❷ '불안을 없애는 마인드 체인지 박스'(▶p.70)에 잡념을 집어넣는다.
❸ 아무 제약이 없다면, 어떤 인생을 살고 싶은지 '가슴 뛰는 미래상'을 그려본다.

사업을 추진할 때도 낙관적인 마음가짐이 필수이다. 아메리칸드림의 대명사라 할 수 있는 사업가, 앤드루 카네기 역시 '밝은 성격은 재산보다 더 귀중하다'고 말했다. 낙관적이란, 과거에 집착하지 않고 미래에 대한 불안감에 짓눌리지 않으며 '지금, 여기'에 집중하는 상태를 의미한다. 낙관적인 마음가짐을 지니면 결단력 있고 용감하게 행동할 수 있다.

06 과거 경험을 현재와 미래에 활용한다

과거 경험은 바꿀 수 없기 때문에 현재와 미래를 지탱하는 소중한 자산이다.

과거에 저지른 실수나 실패도 다시는 반복하지 않을 교훈으로 삼으면, 배움의 경험으로 바꾸어 쓸 수 있다. 또한 과거 경험은 기분을 조절하는 소재로도 활용할 수 있다. 즐거웠던 기억, 감동적인 사건 등을 떠올리면, 당시의 좋은 기분이 되살아난다. 지금 느끼고 싶은 기분을 과거 사건에서 찾고 회상하는 것만으로도 기분을 조절할 수 있다.

과거 경험을 교훈으로 삼는 방법

❶ 과거 경험을 에피소드로 떠올린다.
❷ 그 경험을 상징할 만한 순간의 장면을 떠올린다.
❸ 그 장면 속에 있는 자신을 회상한다.

그뿐만 아니라, 과거 경험에서 교훈을 발견할 수도 있다. 성공 경험이든 실패 경험이든, 그 경험에서 배운 점을 글로 써 보자. 그렇게 하면, 해당 경험은 현재와 미래에 활용되는 양질의 소재가 된다. 성공이든 실패든 과거 경험은 현재와 미래를 지탱해 주는 소중한 자산이다.

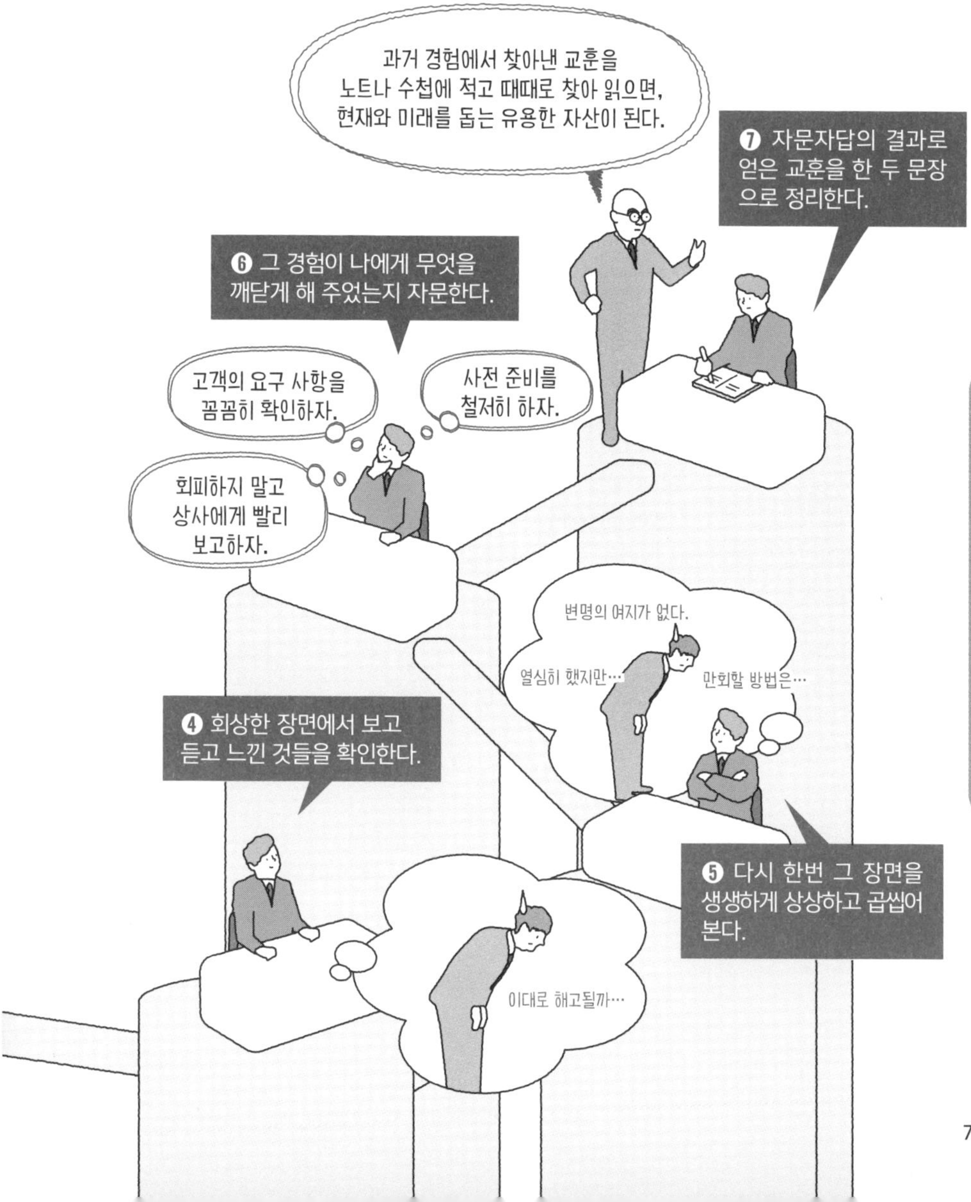

07 의욕을 높이는 사고법

외재적 동기와 내재적 동기를 확실히 구분하고 자발적으로 동기 부여하는 방법을 찾아야 한다.

외부 요인에서 의욕의 원천을 찾는 것을 동기 부여로 여기는 경향이 있다. 일반적인 의미에서 동기 부여는 사람의 행동에 의욕을 부여하는 것이다. 행동의 이유이자 목적이며 원인이다. 무언가를 하려고 하는 것, 즉 열망, 의욕, 영감, 결단의 원천을 말한다.

외재적 동기 부여에 길들게 되면 수동적이 된다

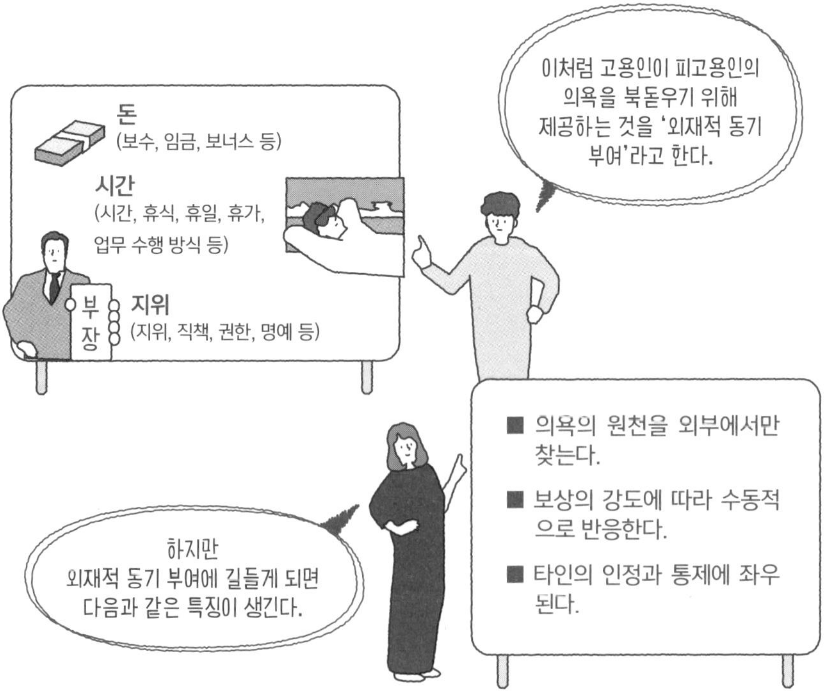
이처럼 고용인이 피고용인의 의욕을 북돋우기 위해 제공하는 것을 '외재적 동기 부여'라고 한다.
돈
(보수, 임금, 보너스 등)
시간
(시간, 휴식, 휴일, 휴가, 업무 수행 방식 등)
부장
지위
(지위, 직책, 권한, 명예 등)
하지만 외재적 동기 부여에 길들게 되면 다음과 같은 특징이 생긴다.
■ 의욕의 원천을 외부에서만 찾는다.
■ 보상의 강도에 따라 수동적으로 반응한다.
■ 타인의 인정과 통제에 좌우된다.

타인의 말이나 환경에 따라 의욕이 솟기도 하고 떨어지기도 한다. 다만, 이를 당연시하면 외적 보상이나 통제에 휘둘릴 수 있다. 자기 내면에서 의욕의 원천을 정확히 찾아내고, 자발적으로 동기 부여하는 것이 중요하다. 언제든지 행동할 준비가 된 사람은 내재적 동기 부여에 익숙하며 외부에서 동기를 찾으려고 애쓰지 않는다. 어떤 일이든 즐길 수 있는 접근 방식을 자기 내부에서 찾음으로써 스스로 동기 부여하는 것이다.

자기 내부에서 동기 부여의 원천을 찾는다

08 기분을 컨트롤하는 아침 습관

하루를 시작하는 아침에 자신의 상태를 알아보는 테스트를 실시하면, 그날의 기분과 하루를 보내는 방식이 달라질 수 있다.

아침에 일찍 일어나고 출근이나 등교 전 시간을 충분히 확보할 수 있다면, '언어 아웃풋' 기법을 활용해 보자. 누구에게도 보여주지 않는다는 전제하에, 순간 떠오르는 생각을 있는 그대로 노트에 써 내려가는 것이다. 매일 꾸준히 하면, 내면의 진솔한 감각을 자각하면서 표현 욕구가 활성화하고, '나는 진정 어떤 사람이 되고 싶은가?', '나는 정말 무엇을 하고 싶은가?'에 대한 답을 찾게 될 것이다.

자기 내면을 솔직하게 들여다본다

규칙 1
완성된 문장을 쓰지 않아도 된다. 누구에게도 보여주지 않기 때문에, 의미가 통하지 않아도, 나중에 읽을 수 없어도 상관없다.
규칙 2
반드시 손으로 써야 한다.
규칙 3
되도록 전용 노트, 더 나아가 소중히 아끼고 싶은 고급 노트를 사용한다.
타인의 눈을 의식하지 않고 글을 쓰다 보면, 자기 내면의 실체가 드러난다.
평소에는 굳이 말로 표현하지 않는 내면을 드러내는 작업이므로, '아직 졸리다', '꿈에서 괜찮은 아이디어가 떠올랐어', '친구가 한 말이 계속 신경 쓰여'와 같이 생각나는 대로 솔직하게, 가감 없이 적어 보자!

아침 일찍 일어나기 힘든 타입이라 시간을 낼 수 없다면, 10초 만이라도 시간을 내어 약식 테스트를 진행해 보자. 컨디션이 나빠서 기분이 우울한 날도 있고, 컨디션은 좋은데도 기분이 가라앉는 날도 있다. 그래서 매일 아침 '몸 상태'와 '마음 상태'를 분리하여 점수를 매기는 것이다. 이 테스트를 통해 매일 아침 자신의 상태를 객관적으로 측정할 수 있다.

아침 10초 동안 몸과 마음을 진단한다

❶ 몸 상태는 10점 만점 중 몇 점?
❷ 마음 상태는 10점 만점 중 몇 점?
몸과 마음을 구분하여 점수를 매기면 현재 기분의 정체를 알 수 있다.
요즘 바쁘고 피곤해서 몸은 2점. 정신이 맑고 의욕도 있으니 마음은 8점. 그래, 몸이 피곤할 뿐이구나!
이 테스트를 하면, 자신의 상태를 객관적으로 파악할 수 있다.
왠지 몸이 무겁게 느껴지거나 기분이 우울할 때도 몸과 마음 중 어느 쪽이 문제인지 자각함으로써 정확한 대책을 세울 수 있다.
몸 상태는 10점이지만 마음 상태가 2점이라면, 앞서 배운 '감정 표현의 3요소'를 활용해 기분을 전환한 후 하루를 시작하자.

09 관점 전환으로 시야를 넓히는 방법

불안하거나 고민이 있을 때, '높은 시점'이나 '타인의 시야'로 상상하면 새로운 관점을 얻을 수 있다.

자기 역할에 과몰입하거나 과도한 책임을 감내하다 보면, 자기 관점에 매몰될 수 있다. '내가 옳고, 이게 유일한 해결책이다'라는 생각에 집착하면서 시야가 좁아지는 것이다. 이럴 때는 '상사의 관점'에 서보자. 윗사람은 간단히 판단할 수 있는 일도 아랫사람 관점에서는 어렵게 느껴질 수 있다. 같은 일이라도 관점이 다르면 보이는 방식이 완전히 달라진다. 상사의 관점으로 업무를 재조명하면 분명 새로운 돌파구를 발견할 수 있다.

상사의 관점에서 보기

❶ 상사는 부하직원보다 높은 관점에서 조망한다.
❷ 상사는 부하직원보다 보유한 정보량이 많다.
❸ 상사는 부하직원보다 넓은 시야를 가지고 있다.
저번 케이스와 같아.
저쪽이 틀림없어.
정말 이렇게 해도 될까?
어떻게 하면 좋을까?
여기는 어디일까?
미로를 걷는 사람(부하직원)과 망루에서 미로를 내려다보는 사람(상사)으로 생각하면 이해하기 쉬울 것이다.
상사가 부하직원보다 더 많은 정보를 가지고 있으므로 상사의 의견은 대체로 옳다.
상사는 부하직원보다 넓은 시야를 가지고 있기 때문에 업무와 주변 상황을 폭넓고 종합적으로 볼 수 있다.

혼란과 고민을 해소하기 위해서는 시야를 넓히는 것이 중요하다. '시야를 넓힌다'는 것은 자기 관점에 머물지 않고, 더 높은 관점에서 자기 행동을 바라보는 것이다. 타인, 타 부서, 고객, 지역과 사회, 국가나 아시아, 세계 등 더 높은 관점에서 조망해 본다. 타인의 관점을 상상 체험하면 지금까지는 보이지 않았던 것들이 많이 보일 것이다.

타인의 관점을 상상 체험하는 방법

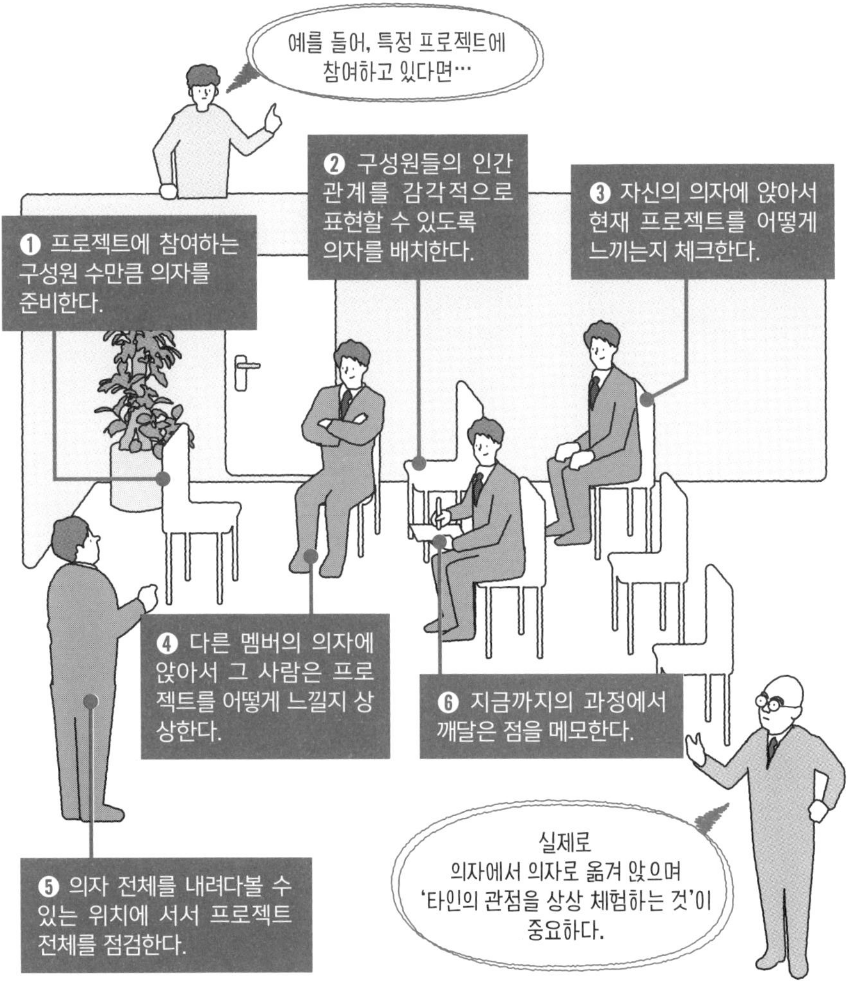

10 행동할 수 있는 때는 지금뿐이다

행동력을 높이고 매일 한 걸음 한 걸음 앞으로 나아가기 위해서는 '지금 당장 행동한다'는 의식을 항상 지녀야 한다.

행동할 수 있는 때는 지금밖에 없다. 시작을 미루는 결단도 지금 해야 할 일이다. '미루기'에는 착수 기한을 정해놓은 '좋은 미루기'와 착수 기한을 정하지 않은 '나쁜 미루기'가 있다. 지금 당장 행동한다는 의식이 있는 사람만 '좋은 미루기'를 할 수 있다. 미뤄둔 예정일이 '지금'이 되었을 때, 바로 행동할 수 있기 때문이다.

'좋은 미루기'와 '나쁜 미루기'

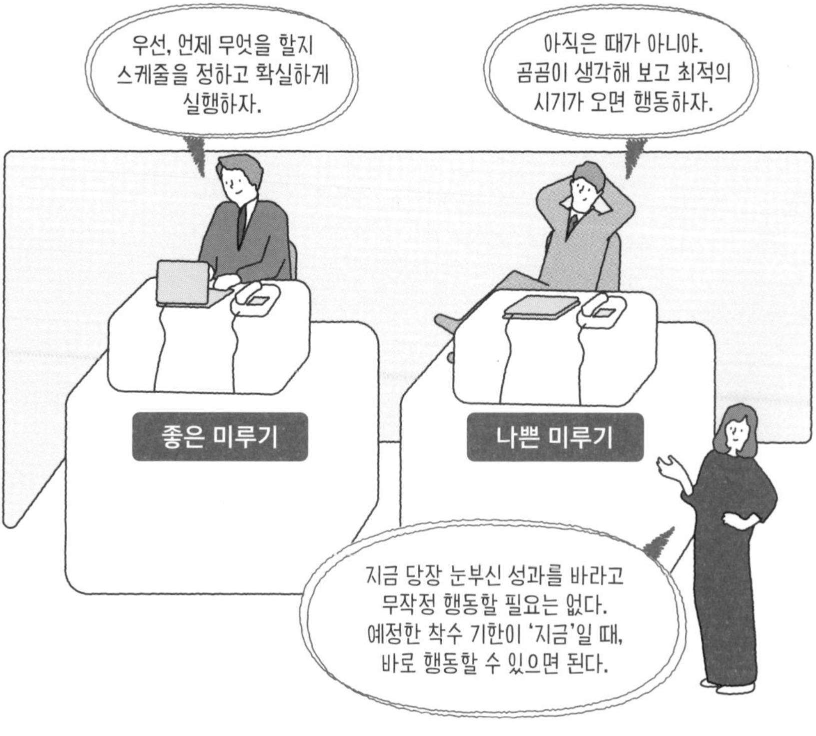
우선, 언제 무엇을 할지 스케줄을 정하고 확실하게 실행하자.
아직은 때가 아니야. 곰곰이 생각해 보고 최적의 시기가 오면 행동하자.
좋은 미루기
나쁜 미루기
지금 당장 눈부신 성과를 바라고 무작정 행동할 필요는 없다. 예정한 착수 기한이 '지금'일 때, 바로 행동할 수 있으면 된다.

물론, 무작정 행동하는 것도 나쁘지는 않다. 행동량이 많으면 배움도 많을 것이다. 더디고 헛되게 느껴져도 계속하다 보면 분명 길이 열린다. 다만 시간은 한정적이니, 좀 더 효율적으로 행동할 필요는 있다. 아무 생각 없이 행동하는 것이 아니라, 큰 그림을 그리고 최적의 행동을 하는 것이 중요하다.

'언제든 하면 된다'는 생각을 버리자

Chapter 05

결단력을 키운다

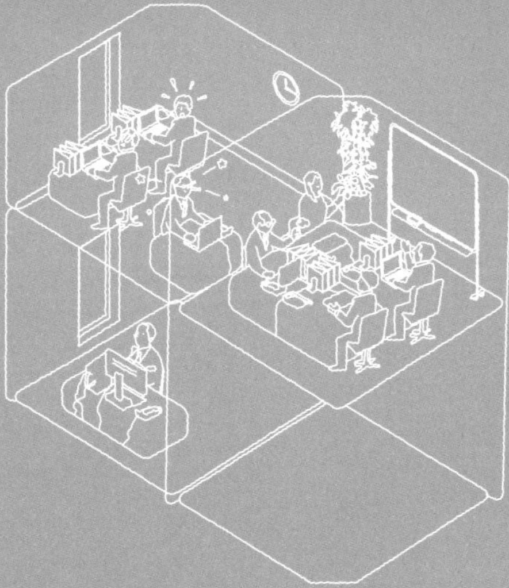

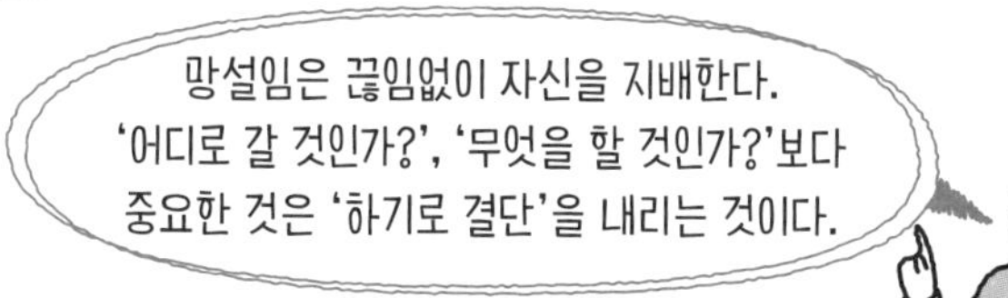
망설임은 끊임없이 자신을 지배한다.
'어디로 갈 것인가?', '무엇을 할 것인가?'보다
중요한 것은 '하기로 결단'을 내리는 것이다.

'행동'에 앞서 '결단'이 선행되어야 한다.
모든 일은 일단 하기로 결단하는 것에서 시작된다.
망설이는 동안에는 어떤 변화도 일어나지 않는다.
이 장에서는 그 '결단력'을 키우는 방법을 알아보자.

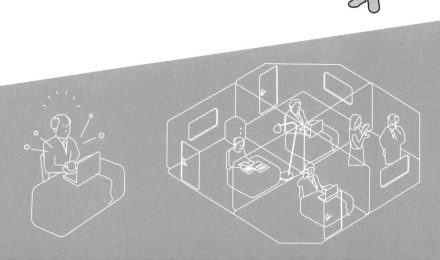

01 결단력은 훈련으로 습득할 수 있다

'결단의 경험치'가 쌓이면 재빠르게 행동에 옮길 수 있다. 그러려면 평소에 기회를 포착하는 훈련을 꾸준히 하는 것이 중요하다.

우리는 일상에서도 수많은 선택지를 직면하고 결단을 내린다. 혹시, 수많은 결단의 기회를 의식하지 못하고 흘려보내고 있지는 않은가? 사소한 결정일지라도 경험을 쌓는 기회로 의식하고 결단을 내려 보자. 작은 결단을 반복하다 보면 경험치가 쌓이고 자연스럽게 결단력이 향상된다. 전략적으로 결단의 경험치를 쌓는 2가지 훈련을 꾸준히 실천해 보자.

훈련 1: 10초 안에 결단하고 10분 안에 실행한다

❶ 적당한 시간을 골라 알람을 설정한다.
실행하기 쉬운 결단을 이어가며 자신감을 키운다.
❷ 알람이 울린 후, 10분 안에 할 행동을 10초 내 결정한다.
❸ 결단을 내리자마자, 10분 후에 알람이 울리도록 설정한다.
좋아, 가자!
도서관에 가야겠어.
즉시 결단하고 반드시 실행하기를 반복하면, '나는 하기로 한 일은 무슨 일이 있어도 실천하는 사람이다!'라는 인식이 강화된다.
❹ 10분 후 알람이 울리면 결단을 실행한다.

결단력이 뛰어난 사람은 결단의 경험치가 높다. 결단의 경험치가 부족하다고 느낀다면, 남에게 선택을 맡기지 말고 스스로 결정하자. 중대한 사안이 아니어도 상관없다. 자기 주도적으로 선택하는 과정에서 자연스럽게 결단의 경험치가 쌓인다. 의식적으로 결단을 내리는 훈련을 반복하면, 자기 결정감이 높아지고 결단력이 향상된다.

훈련 2: 양자택일 훈련으로 결단력을 키운다

이 훈련은
점심을 어디서 먹을지,
선거에서 어떤 후보(정당)에게 투표할지 등
일상에서 응용할 수 있다.
❶ 모든 선택지를 열거한다.
❷ 선택지를
두 가지로 좁힌다.
❸ 두 선택지 각각에 대해 선택 후의
가능성을 검토한다.
❹ 직감으로 하나를 선택하고
행동을 결정한다.
과감하게
결단을 내린 덕에
새로운 선택지가
생겼다.
수수료가 저렴한 인터넷 증권사에
계좌를 개설하고, 소액으로
주식 투자를 해보는 것도 결단의
경험치를 늘리는 데 도움이 된다.
❺ 행동을 취한 후,
선택이 어떤 결과를 가져왔는지
되돌아본다.

02 결단을 내리지 않으면 행운을 얻을 수 없다

노력으로 '운' 자체를 바꿀 수는 없지만, '행운을 포착하는 능력'은 키울 수 있다.

중요한 결단의 순간을 직면했을 때는 타인의 경험을 활용하는 것도 좋다. 훌륭한 위인이나 경영자, 또는 기업이 내린 결단에 관한 에피소드를 읽고, 자신이 결정권자였다면 어떻게 했을지 생각해 보거나, 그들의 결단을 마치 자기가 내린 결단인 양 재현(추체험)해 보는 것이다. 이렇게 결단의 추체험을 훈련하다 보면 확실하게 결단의 경험치를 높일 수 있다.

성공한 사람의 '결단력'을 배운다

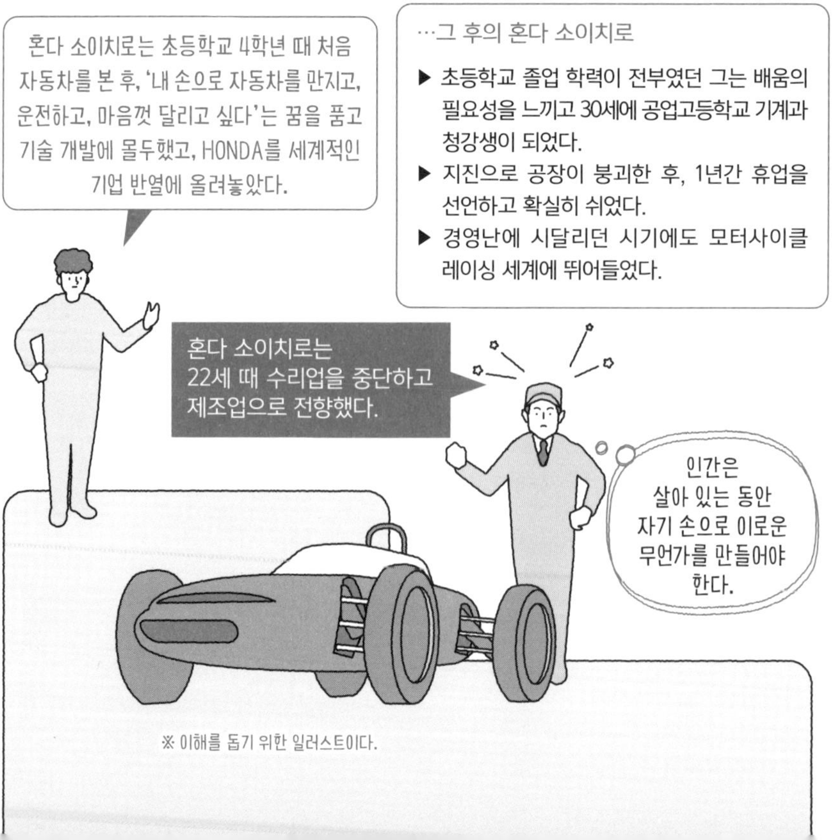
혼다 소이치로는 초등학교 4학년 때 처음 자동차를 본 후, '내 손으로 자동차를 만지고, 운전하고, 마음껏 달리고 싶다'는 꿈을 품고 기술 개발에 몰두했고, HONDA를 세계적인 기업 반열에 올려놓았다.
…그 후의 혼다 소이치로
▶ 초등학교 졸업 학력이 전부였던 그는 배움의 필요성을 느끼고 30세에 공업고등학교 기계과 청강생이 되었다.
▶ 지진으로 공장이 붕괴한 후, 1년간 휴업을 선언하고 확실히 쉬었다.
▶ 경영난에 시달리던 시기에도 모터사이클 레이싱 세계에 뛰어들었다.
혼다 소이치로는 22세 때 수리업을 중단하고 제조업으로 전향했다.
인간은 살아 있는 동안 자기 손으로 이로운 무언가를 만들어야 한다.

※ 이해를 돕기 위한 일러스트이다.

일상에서 결단을 의식하고 반복하면 '행운을 포착하는 능력'을 키울 수 있다. 물론, 노력으로 행운을 만들 수는 없다. 하지만 노력으로도 만들 수 없는 행운이 찾아왔을 때, 이를 기회로 바꿀지 말지는 자기 결단에 달려 있다. 사소한 일도 스스로 결단하지 않는 삶을 살면, 큰 행운을 앞에 두고도 결단을 내릴 수 없다.

'과거의 결단'을 경험치로 재축적한다

03 시뮬레이션으로 불안을 제거한다

걱정되는 일을 앞두고 결단을 내려야 한다면,
구체적으로 시뮬레이션을 함으로써 불안감을 떨쳐버릴 수 있다.

성공에 대한 확신이 들지 않아서 불안한 일을 앞두고 있다면 어떻게 해야 할까? 결단력이 뛰어난 사람은 불안한 예측이 현실화하면 어떤 상황이 벌어질지 구체적으로 시뮬레이션한다. 미래가 어떻게 될지는 아무도 알 수 없기 때문에 시뮬레이션이 필요한 것이다. 결단을 내리기 전에 다양한 상황을 종합적으로 시뮬레이션해 보면, 각각에 대응하는 해결책이 보이면서 불안한 마음이 사라진다.

다양한 패턴을 시뮬레이션하면 불안이 해소된다

❶ 불안한 지점이 어디인지 자문한다.
❷ 불안이 현실화했을 때 어떤 상황이 벌어질지 구체적으로 상상한다.
예상 인력을 확보하지 못할 수도 있어.
제조 일정을 맞추지 못해서 예정일에 신제품을 출시하지 못할 수도 있다.
그러면 계약 불이행으로 거액의 위약금이 발생해 회사가 큰 손해를 볼 수도…
적정한 협력 업체를 찾지 못하고, 사내 협조가 부족해서…
❸ 불안한 상황이 실제로 벌어지는 일련의 과정을 상상한다.

미래는 미확정의 세계이므로 예상치 못한 방향으로 전개될 수도 있다. 결단력이 뛰어난 사람들이 시뮬레이션을 거듭하는 이유는 가능한 한 모든 상황을 상정하고 처음부터 끝까지 예리하게 훑어보면서, 불안한 지점을 타계할 행동 전략을 세우기 위함이다. 모든 변수에 대응할 수 있는 구체적인 방안이 세워졌다면, 자신 있게 결단하고 행동할 태세가 갖춰진 것이다.

이 예시에서는 필요한 인력을 확보하지 못했을 경우를 상정했으므로 먼저 동료와 상사에게 상담하는 것부터 시작한다.
❼ 지금 당장 할 수 있는 일을 결단한다.
우선 상담을 받아 보자.
이렇게 하면, 무엇을 해야 할지 파악할 수 있다.
모든 아이디어를 검토하여 최적안을 선택한 후, 필요한 인력과 예산을 확보하고, 프로세스 진행을 관리하고…
❻ 일이 성공적으로 풀리는 과정을 만들기 위해 할 수 있는 일을 상상한다.
❺ 목적한 바를 이룰 만큼 일이 성공적으로 진행되는 과정도 상상한다.
❹ 불안한 상황을 방지하는 대비책을 구상한다.
좋았어!
클라이언트에게 일정 재검토를 요청한다.
예상할 수 있는 모든 발주처에 문의한다.
클라이언트가 기뻐하고, 내부 평가도 좋아지고, 승진하고, 특별 수당을 받아서 소원하던 쿠바 여행도 다녀오고…
예산 증액 가능성을 검토하고 의사결정권자들을 설득한다.
이렇게 하면, 해야 할 행동이 명확해진다.
인맥이 넓은 동료나 상사에게 다른 발주처가 없는지 문의한다.

04 작은 결단과 행동의 축적이 큰 성과를 낳는다

전체상을 파악한 후, 결단과 행동을 세분화하면 스트레스가 사라진다.

이 세상에는 화려한 성과와 특별한 업적을 남긴 사람들이 많다. 하지만 그들의 위대한 업적은 사실 사소한 결단과 대수롭지 않은 행동, 그에 따른 작은 결실들이 축적된 결과이다. 매일 아침 일찍 일어나서 일과를 계획하고 항상 근태를 성실히 관리하며, 아이디어가 떠오를 때마다 메모하고 자신 있게 새로운 기획을 제안하는 등 무수히 많은 작은 결단과 행동, 그에 따른 결과들이 쌓여 큰 성과를 만들어 내는 것이다.

과업의 전체상을 그리고, 행동을 세분화한다

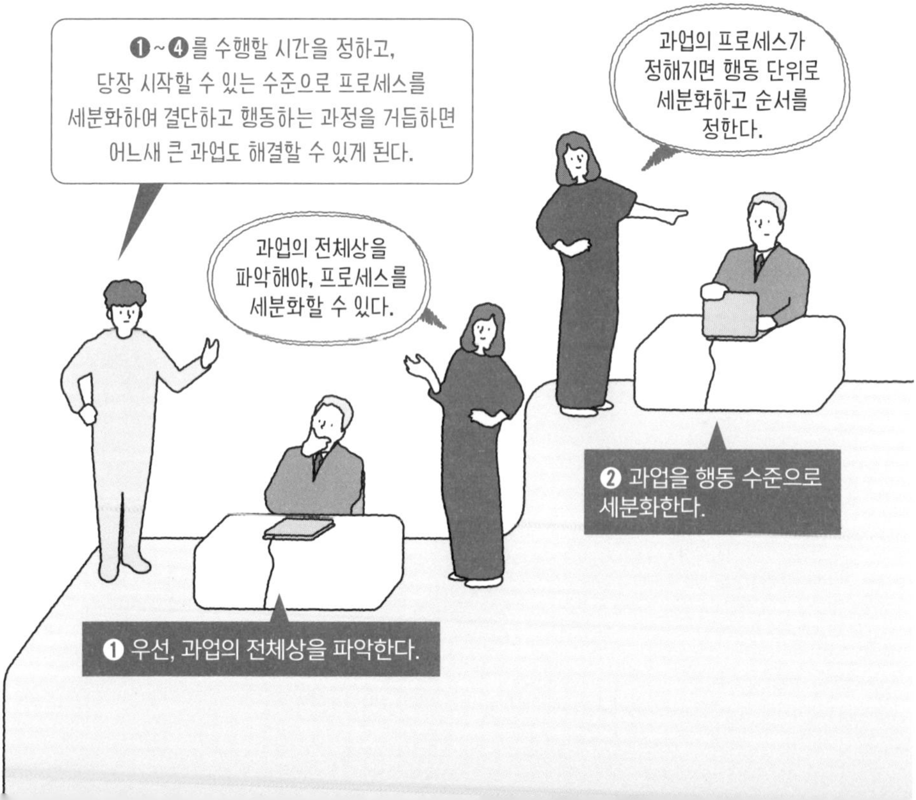

최초의 한 걸음을 결정하기에 앞서, 전체상을 그리는 시간을 먼저 가지기를 추천한다. 바로 실행하기에 적합한 아이디어가 떠오르면 그것을 먼저 실행해도 좋다. 단숨에 바짝 할 수 있는 작은 결단과 작은 행동 단위로 만들어 두면, 미룰 이유가 없어진다.

05 변명거리를 사전에 제거한다

준비가 부족하면 결단을 내리기 어렵다.
결단력이 뛰어난 사람은 항시 철저하게 준비한다.

메이저리그에서 맹활약한 스즈키 이치로 선수는 '준비란, 변명거리가 될 수 있는 것들을 제거하기 위해 할 수 있는 모든 것을 하는 것이다.'라고 말했다. 그는 준비가 부족하면 결단을 내릴 수 없음을 깨닫고 있었다. 준비, 결단, 행동의 비율은 '준비 : 결단 : 첫 행동 = 8 : 1 : 1'이 적절하다. 준비에서 시작해 결단하고 첫 행동을 일으켰을 때, 비로소 결단이 실효성을 갖게 된다.

결단의 '8:1:1'의 법칙

준비 : 결정 : 첫 행동
‖
8 : 1 : 1
결단이 필요한 대상을 정하기 위해
준비가 필요한 것이다.

따라서, 준비하지 않는 사람은 어떠한 결단도 내릴 수 없다.

준비는 결단에 이르기 전 단계이므로 다양한 사항을 고려해야 한다. 조사, 검토, 비교, 토론 등은 모두 준비 단계에 해당한다. 일러스트에서 제시하는 5가지 요소를 검토하는 것이 결단을 위한 준비 과정이라 할 수 있다. 결단을 내리지 못하고 방황하며 우왕좌왕하지 말고, 이 5가지 요소를 적어보고 순서대로 검토하자. 5가지 요소를 조망하면 한눈에 상황이 정리되면서 준비 단계가 완료된다.

준비 단계에서 고려해야 할 5가지 요소

❶ 검토할 과업을 명확히 한다.
'지금 무엇을 하고 있는지'를 항상 명확히 한다.
작업 절차 개선, 작업 속도 향상, 고객 응대 개선
❷ 과업을 둘러싼 환경을 명확히 한다.
매뉴얼을 제대로 숙지했는가?
과업을 해결하기 위해서는 과업을 둘러싼 주변 환경을 파악하는 것이 필수이다.
후공정 담당자를 지정했는가?
타 부서와의 협력 절차를 확인했는가?
❸ 과업을 둘러싼 이해관계를 명확히 한다.
타 부서
고객
거래처
구매처
자신이 과업에 대한 결단을 내렸을 때, 이해관계자들이 어떻게 변화하는지 주의를 기울이자.
❹ 과업의 상위 목적을 명확히 한다.
상위 목적은 고객의 요구에 부응하는 것이다!
과업의 상위 목적을 검토하면, 자연스럽게 결정해야 할 사항들이 명확해진다.
❺ 과업 당사자인 자신의 상황을 확인한다.
이를 통해, 자신이 과업을 해결해야 하는 이유와 명분이 확실해진다.
이 결단이 당사자인 자신에게 어떤 의의가 있는지, 자신의 외적·내적 상황을 전반적으로 체크해 보자.

06 직감력을 연마하는 6가지 실천법

결단을 내릴 때는 논리적 검증도 필요하지만, 최종에는 '직감'에 의존할 수밖에 없다.

결정을 내릴 때는 '직감'에 의존할 수밖에 없다. 직감이 뛰어난 사람은 결단이 빠르다. 논리적 검증을 중요하게 여기는 비즈니스 현장에서도 최종에는 직감으로 결정할 수밖에 없다. 모든 상황을 직감에만 의존할 수는 없지만, 결단력을 높이기 위해서는 논리력과 더불어 직감력을 연마할 필요가 있다. 직감력을 키우는 방법에는 여러 가지가 있지만, 그중에서 쉽게 시작할 수 있는 몇 가지 방법을 알아보자.

직감력을 키우는 6가지 훈련법

❶ 의식의 흐름대로 쓴다.
5~10분 동안 머릿속에 떠오르는 생각을 의식의 흐름대로 모두 적는다.
완성형 문장으로 표현하기 어렵다면, 떠오르는 대로 그림을 그리거나 낙서로 표현해도 괜찮다.
떠오르는 생각을 의식의 흐름대로 모두 표현하지 못해도 괜찮다. 자기 감각을 노트 위에 풀어놓는 것 자체로 머리가 맑아지고 기분이 개운해질 것이다.
꿈을 의식하며 기록하다 보면, 점차 생생하게 꿈을 기억할 수 있게 된다.
꿈의 조각들을 떠올리고 그것이 시사하는 바를 탐구하는 과정에서 여러 의미를 깨닫게 된다.
❷ 꿈을 기록한다.
간밤에 꾼 꿈을 기억나는 대로 노트에 기록한다.

❸ 거리를 걸으면서 눈에 띄는 것에 주의를 기울인다.

매일 다니는 거리의 작은 변화를 의식적으로 찾는다.

산책길에서 새로운 것들을 얼마나 많이 발견했는지 세어보자. 주의를 기울이면 더 많은 것을 발견할 수 있다.
지금부터는 상급 편이다. 거리를 걸으면서 가장 흥미를 끄는 발견을 하나 골라서 그 의미를 탐구해 보자.

❶ 새롭게 발견한 것 중에서 가장 '흥미로운 대상'을 고른다.
❷ 그것에 흥미를 느낀 이유를 자신에게 묻는다.
❸ 어느 정도 이유를 알았다면, 언어로 표현해 본다.
❹ 그림이나 낙서 등으로도 표현한다.
❺ 자신이 그 '흥미로운 대상'이 되었다고 가정하고 느낌을 상상한다.
❻ '흥미로운 대상'에 관심이 생긴 이유는 무엇일까?
❼ 인생의 각본가(자신)가 의도적으로 '흥미로운 대상'의 존재를 깨닫게 한 것이라면, 그 이유는 무엇일까?
❽ 지금까지의 과정에서 발견한 깨달음을 글이나 그림으로 기록해 보자.

❹ 신체 감각에 주목하는 보디 스캔(body scan) 명상

각 신체 부위를 하나하나 의식하면서 이완한다.

정수리부터 발끝까지 순서대로 몸의 각 부위를 의식하면서 이완한다.
매일 꾸준히 하면, 평소에는 특별히 주의를 기울이지 않았던 신체 각 부위의 감각을 새롭게 발견하고 '지금, 여기'에 집중할 수 있다.

❺ 이미지를 추적한다.

공상에 잠겨 깨달은 것, 느낀 것, 연상한 것 등을 적어본다.

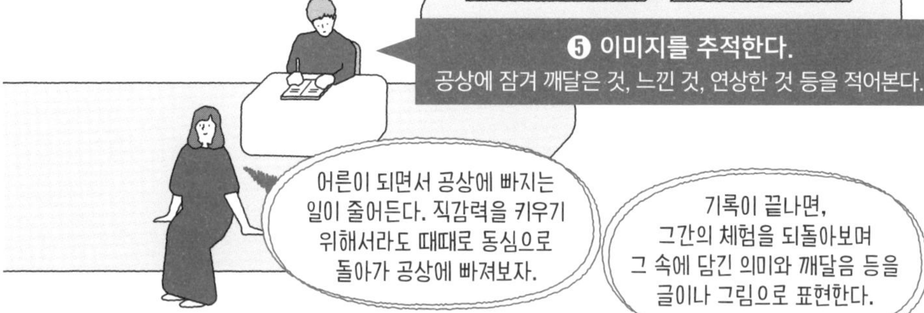
어른이 되면서 공상에 빠지는 일이 줄어든다. 직감력을 키우기 위해서라도 때때로 동심으로 돌아가 공상에 빠져보자.
기록이 끝나면, 그간의 체험을 되돌아보며 그 속에 담긴 의미와 깨달음 등을 글이나 그림으로 표현한다.

❻ 우연을 발견한다.

의미 있는 우연의 일치를 찾아 기록한다.

예를 들어, 독립이나 창업을 생각하던 중에, 친한 친구의 창업 소식을 들은 상황 등 의미 있는 우연의 일치를 발견해 노트에 기록해 보자.
네팔에 가 보고 싶다고 생각하던 중이었는데, 눈앞에 네팔 음식점이 나타났다.

07 10초 안에 행동을 결단한다

과업 수준의 결단에서는 행동을 가능한 한 작은 단위로 분해하여 즉시 행동에 옮긴다.

업무 현장에서는 서류 작성, 회의, 고객 응대 등 과업 단위마다 항상 구체적인 결단이 요구되며, 업무의 상당수는 결단에 대응하는 행동을 구체적으로 일으키지 않으면 해결되지 않는다. 한정된 시간 내에 기존 업무와 새로운 업무를 원활하게 소화하기 위해서는 빨리 결단하고 행동하는 습관을 길러 둬야 한다. 바로 10초 안에 행동을 결단하는 요령을 훈련하는 것이다.

번거로운 일을 피하고 싶은 것은 인간의 본심이다

최소한 지금 이 순간, 실행할지 말지는 결정해야 한다. 실행하기로 결정했다면, 지금 당장 전체상을 파악하고 작은 행동 단위로 분해하여, 바로 시작할 수 있는 것부터 행동으로 옮기자. 지금 당장은 실행하지 않겠다고 결정했다면, 언제 할 것인지 즉시 수첩이나 스케줄 앱에 기록해 두자.

과업 단위의 결단은 10초 안에 하자

서류 작성
메일 체크
전화 통화
회의 참석
일정표 작성
보고, 연락, 상담
기획서 작성
경비 신청
미팅 약속
고객 상담
회의록 작성
고객사 방문
이러한 과업 단위의 결단이 늦어지면 일이 점점 쌓이게 된다.
❶ 실행 여부를 10초 안에 결정한다.
과업 단위의 결단은 상사나 거래처 등 관계자의 의견을 처음부터 반영해야 번복을 방지할 수 있다.
❷ 실행을 결정했다면 바로 이어서 전체상을 파악하고, 작은 행동 단위로 분해하여 당장 할 수 있는 것부터 실행한다(▶p.92).
좋아, 가장 귀찮은 경위서부터 작성해 버리자!
지금 당장은 실행하지 않겠다고 결정한 과업에 대해서는 실행 예정일을 정하고, 그 즉시 수첩이나 스케줄 앱에 기록해 두자.
진로나 이직처럼 큰 문제를 성급하게 결정하면 돌이킬 수 없게 될 위험이 있다. 하지만 과업 단위의 결단은 약간의 실수나 오류가 발생해도 바로 잡을 기회가 항상 있다.

08 3가지 필요조건을 파악하여 행동 범위를 좁힌다

일러스트에서 제시하는 3가지 필요조건을 파악하면 업무의 전체상을 조망할 수 있고, 목적과 행동을 구체화할 수 있다.

업무 현장에서 과업 단위의 결단을 내릴 때, 반드시 파악해야 할 3가지 필요조건이 있다. 첫째, '사람, 물건, 돈'이다. 비즈니스는 기본적으로 사람, 물건, 돈으로 움직이기 마련이므로, 과업 단위에서 이들의 관계와 상황을 구체적으로 파악해야 한다. 3가지 필요조건의 기본이며 가장 중요하다.

반드시 파악해야 할 3가지 필요조건

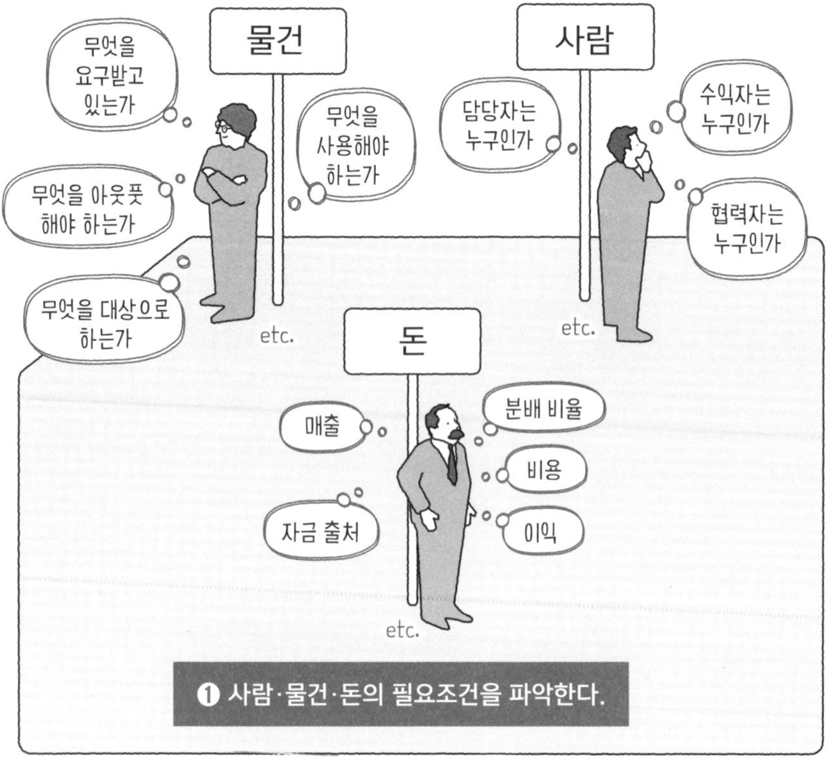

❶ 사람·물건·돈의 필요조건을 파악한다.

둘째, '납기 및 이후 공정'이다. 납기를 확인하는 습관이 몸에 밴 사람은 많지만, 납기 이후 공정까지 신경을 쓰는 사람은 의외로 적다. 셋째, '안건의 목적 및 상위 목적'이다. 비즈니스는 가치와 서비스 그리고 재화의 연쇄이며, 그 연쇄의 목적과 상위 목적도 존재한다. 항상 목적을 확인하면 자신이 맡은 업무 프로세스에서 해결해야 할 과업과 역할이 명확해진다.

09 이상적인 미래상을 상상하는 방법

이상적인 미래상을 자유롭게 상상하면, 거기에 도달하기 위해 해야 할 일이 보인다.

결단이 빠른 사람은 해결해야 할 과업에서 목표를 찾을 때, 제약이 없고 이상적인 미래상을 떠올린다. 궁극적인 이상향으로부터 역산하여 현재 해야 할 일을 뽑아내는 습관을 기르면, 결단이 빨라진다. 이상향을 마음껏 상상하는 것이므로 자기 편의적으로 꿈꾸는 소리 한다며 남들로부터 비웃음을 사거나 비난 들을 일도 없다. 일을 성공시키기 위해서라도 자기가 손대는 일마다 술술 잘 풀리는 이상적인 미래상을 상상해 보자.

제약이 없고 이상적인 미래상을 상상하는 방법

만약, 이상적인 상황이 잘 떠오르지 않는다면, 자신이 상상하는 미래상 자체에 점수를 매겨보자. 그리고 연속해서 점수를 올려가며 그에 걸맞은 미래상을 연결한다. 순차적으로 미래상을 확장하다 보면, 처음에 그렸던 것보다 훨씬 더 파격적이고 제약에서 벗어난 자유로운 미래상을 상상할 수 있게 된다.

Power of Execution
VISUAL NOTES

Chapter 06

결단을 행동으로 연결한다

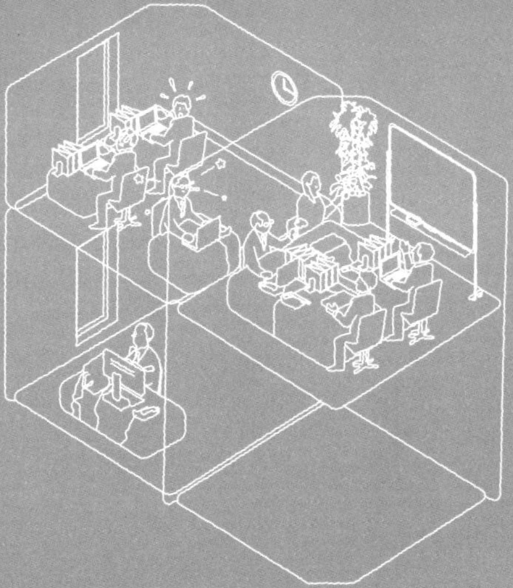

아무리 큰 업적도 작은 결정과 작은 행동,
그리고 작은 결과의 집합으로 이루어진 것이다.

결단에서만 끝나고 행동이 따르지 않으면,
자신을 변화시킬 수도, 세상을 바꿀 수도 없다.
결단을 행동으로 연결하고, 더 큰 성과를 내기 위해서는
우선 '작은 행동'부터 시작해야 한다.

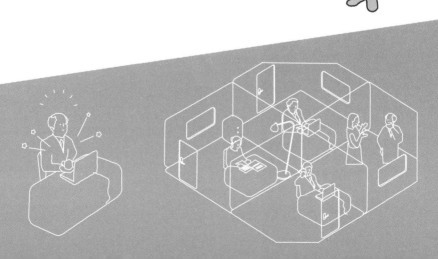

01 행동이 따르지 않는 결단은 무의미하다

결단이라는 글자에는 결정하고 끊는다는 의미가 담겨있다.
결단을 내리기 위해서는 불필요한 것을 끊어낼 줄도 알아야 한다.

결단은 의도를 명확히 하는 행위로 현실에 큰 변화를 일으키는 계기가 된다. 하지만 결단만으로는 현실을 바꾸지 못한다. 진정한 변화를 일으키기 위해서는 현실적인 행동이 동반되어야 한다. 행동이 따르지 않으면, 아무리 대단한 결단이라 해도 그 의미를 잃고 무효가 되어 버린다. 반면, 일단 행동으로 옮기면 현실은 필연적으로 변화에 부응할 수밖에 없다.

행동이 수반되지 않는 결단은 무가치하다

결단決斷은 결정할 결決과 끊을 단斷이 합쳐진 말이다. 즉, 결정하고 끊어야 한다는 의미이다. 끊어내야 할 것은 '다른 선택'이다. 인간은 동시에 여러 가지 일을 능숙하게 해낼 수 없기 때문이다. '망설임'과 '퇴로' 역시 끊어야 한다. 결단이란, 행동의 제약 조건을 이해하고 다른 선택지를 포기하는 것임을 명심하자.

결단이란 결정하고 끊는 것이다

02 결단을 공표하여 퇴로를 끊는다

결단을 마음속에만 간직하면 의지가 꺾일 위험이 있다.
타인과 공유함으로써 변화를 주도하겠다는 의지를 강화해 보자.

결단을 행동으로 연결하고 성과를 내고 싶다면, 스스로 퇴로를 끊어야 한다. 이때, 효과적인 수단 중 하나가 자신의 결단을 타인에게 공개하는 것이다. 물론, 타인에게 알리지 않는 '암묵적 실행'도 반드시 실천할 수만 있다면 문제없다. 하지만 실행하기 좋은 환경, 혹은 실행할 수밖에 없는 환경을 만들기 위해서는 결단을 공표함으로써 의지를 다지고 자신을 확실히 밀어붙이는 것이 효율적이다.

미래상과 결단을 공표함으로써 얻게 되는 3가지 장점

❶ 타인과 공유한 결단은 '사회적 현실'로 바뀐다.

개인의 결단은 단지 '개인적 현실'이지만, 타인과 공유하면 '사회적 현실'이 된다.

지역사회와 정치 시스템을 파악해서 5년 후, 지방의원에 입후보할 계획입니다!
공직에 진출하겠다는 포부를 품고 있었구나.
아직 실행 단계에 이르지 못했어도, 자기 결단을 공표하면 타인과 공유된 사실, 즉 '사회적 현실'이 된다.

미래상을 머릿속에만 간직하고 있다면, 비현실적인 공상 단계에 머물러 있는 셈이다. 공상이 공유로, 개인적 현실이 사회적 현실로 확장했을 때, 타인의 지원을 받을 수 있는 기회의 문도 열린다. 미래상을 공표하는 것은 퇴로를 차단하고 전력 질주하겠다는 의지의 표명이기도 하다. 미흡하더라도 자신의 미래상을 공표함으로써 행동의 출력을 높여보자. 그럼, 꿈을 실현하고 성공을 앞당기는 확실한 동력을 갖추게 되는 것이다.

❷ 결단을 타인과 공유함으로써 지지자를 모을 수 있다.
타인과 공유함으로써 공감을 불러일으키고, 때로는 도움을 받는 등 현실에 변화를 일으킬 수 있다.
돈을 모아서 3년 후에 식당을 창업할 거야.
어머! 너 요리 잘하잖아. 자세히 얘기해 봐.
꼭 성공할 거야. 내가 도와줄 일 있으면 이야기해 줘!
창업 관련해서 법률 상담이 필요하면 언제든지 전화해!
내가 도울 일은?
2년 안에 창업하겠다고 공표한 이상 실행에 옮겨야지!
❸ 타인에게 공표한 결단은 심리적 강제력을 낳는다.
타인과 결단을 공유함으로써 '실현하기 위해 반드시 행동에 옮겨야 한다'는 마음이 작용하고 실행력이 한 단계 높아진다.

03 자아를 바로잡고 집중력을 높인다

자아를 안정시키고 정돈하면 결정과 행동을 방해하는 불안을 차단할 수 있다.

행동하지 않으면 불안이 커진다. 미래의 불확실성을 설렘으로 느낄지, 불안으로 느낄지는 고유의 성격 유형에 달렸지만, 그날의 기분 상태에도 달려있다. 기분이 가라앉고 마음이 불안정하면 미래에 대한 불안감이 커진다. 그럴 때는 우선 자아를 안정시켜야 한다. 자신의 존재를 3개의 자아(육체적 존재, 사회적 존재, 정신적 존재)로 나누고, 각각의 자아를 안정시키면 막연한 불안감에서 벗어날 수 있다.

3개의 자아를 안정시킨다

❶ '육체적 존재'로서의 자아를 안정시킨다.
육체적 존재로서의 자아를 안정시키기 위해 중요한 것은 건강이다.
적당한 운동
충분한 수면
건강한 식사
❷ '사회적 존재'로서의 자아를 안정시킨다.
오랜 친구
회사 동료
사람은 유대감을 느끼지 못할 때 마음이 불안해진다. 마음을 터놓을 수 있는 친구를 만들자.
❸ '정신적인 존재'로서 자아를 안정시킨다.
학문
독서
정신적 풍요를 경험하면 불안을 떨쳐버릴 수 있다.
영화나 예술 감상

집중력이 부족하면 결단을 내리기 힘들고, 결단을 내렸다 해도 행동으로 옮기지 못한다. 이일 저일 신경 쓰느라 의식이 분산되기 때문에 갈피를 잡지 못하고 우왕좌왕하는 것이다. 주위를 산만하게 하는 요인을 차단하고 의식을 하나로 모으는 힘이 집중력이다. 3개의 자아를 정돈하면 집중력이 강화되고, 이는 정확한 결단과 신속한 행동으로 이어진다.

3개의 자아를 정돈하여 집중력을 강화한다

❶ '육체적 존재'로서의 자아를 정돈한다.
책상 주변과 방을 정리한다.
포만감을 80%로 유지한다.
잘 먹었습니다!
오감(시각, 청각, 후각, 미각, 촉각)을 지나치게 자극하지 않는다.
이 정도 밝기가 눈이 편해.
컴퓨터 모니터 밝기를 조절한다.
❷ '사회적 존재'로서의 자아를 정돈한다.
SNS에 과몰입하지 않는다.
SNS는 하루 1시간만 하자.
SNS 등으로 인한 과도한 커뮤니케이션이나 어수선한 업무 환경은 집중력을 방해하는 원인이 된다.
파티션이나 사무용 가구를 이용해 집중이 잘 되는 업무 환경을 만든다.
❸ '정신적인 존재'로서의 자아를 정돈한다.
정신 수련은 집중력을 유지하는 데 효과적이다. 자신에게 맞는 방법을 찾아보자!
명상이나 좌선
요가
호흡법
무술

04 결단을 내리는 즉시 작은 행동을 시작한다

지금 내딛는 첫걸음이 파장을 일으켜, 결국 세상에 큰 변화를 불러올 것이다.

결단을 내렸다면 오늘, 적어도 내일 안에 실행할 일을 정하자. 자신의 결단을 어떻게든 현실화하겠다는 의지를 행동으로 표출하는 것이다. 소소하고 간단한 일이어도 괜찮다. 오히려 작은 행동일수록 실천 가능성이 높기 때문에 더 좋다. 결단을 내린 순간, 되도록 10초 안에 작은 행동을 시작해 보자.

첫걸음을 선택하는 포인트

행동은 현실에 파장을 일으킨다. 이를 나비효과Butterfly Effect로 설명할 수 있다. 나비의 날갯짓처럼 작은 몸짓이 지구 반대편의 날씨에 영향을 미칠 만큼 큰 변화를 일으킨다. 개인의 작은 한 걸음이 파장을 일으켜 마침내 세상를 예기치 못한 방향으로 바꾸어 놓을 수도 있다. 변화의 파장을 품은 작은 행동을 선택하는 기준은 무엇일까? 다음의 5가지 질문에 'Yes'라고 답할 수 있다면 좋은 첫걸음이다. '자신의 의욕과 연결되어 있는가?', '누군가의 행복과 연결되어 있는가?', '오늘이나 내일 중에 실행할 수 있는가?', '자기 스스로 할 수 있는가?', '피곤해도 무리 없이 할 수 있는가?'

05 작은 성취를 크게 기뻐한다

'표정, 동작, 언어'라는 감정 표현의 3요소를 활용해 목표 달성의 기쁨을 몸에 새기자.

기쁨, 만족감, 성취감은 최종 목표를 달성한 후에 누리겠다고 결의하지 말자. 괴롭고 힘든 마음을 참고 견디기만 하면, 도중에 지쳐버리고 만다. 세분화 작업을 통해 작은 목표를 많이 설정하고, 달성할 때마다 크게 기뻐하면 의욕이 솟고 기분도 좋아진다. '표정, 동작, 언어'라는 감정 표현의 3요소를 활용하여 성취감을 한껏 누려보자.

감정 표현의 3요소를 활용해 작은 성취를 기뻐한다

❸ 작은 목표를 달성하기 위해 해온 일들을 떠올려 본다.
여러 사람이 도와줬어. 정말 감사하다.
최종 목표의 30%를 충족했어. 잘하고 있어!
이 목표를 달성했다!
❷ 지금의 작은 성취를 통해 큰 목표 달성에 한 발짝 더 가까워진 기분을 맛본다.
❶ 작은 목표를 달성했음을 확인한다.

감정 표현의 3요소를 적극적으로 활용하면, 내면의 미세한 감정과 감각이 증폭된다. 목표 달성의 기쁨이 몸과 마음에 각인되기 때문에 달성을 계속 이어가고 싶은 의욕이 솟구친다. 이는 향상심에 박차를 가하며, 활력 넘치는 일상을 만드는 결단과 행동의 선순환으로 이어진다.

철수 조건을 미리 정한다

철수 조건을 미리 정해두면 물러날 때를 빠르게 결정할 수 있을 뿐만 아니라 새로운 아이디어도 얻을 수 있다.

결단은 액셀러레이터를 밟는 행위임과 동시에 브레이크를 밟는 행위를 의미하기도 한다. 우리는 여러 상황을 앞에 두고 앞으로 나아갈지 멈출지, 가속할지 감속할지, 확장할지 축소할지 등을 결단해야 한다. 결단을 내리고 행동에 옮겼음에도 여전히 불안이 남아있는 경우도 종종 있다. 만약 불안이 고조되어 더 이상 행동을 이어갈 수 없다면, 실패 상황을 가정하고 시뮬레이션을 해보자.

철수 조건 수립을 위한 단계

❶ 결단에 따르는 불안 요소를 꼼꼼하게 적는다.

결단을 내리는 데 있어 불안한 점이 있다면, 세세한 부분까지 빠짐없이 적는다.

품질에 문제는 없는가?

비용은 적절한가?

납기를 맞출 수 있을까?

외주업체와 협상이 잘 될까?

❷ 결단을 실행한 이후에 벌어질 불안 요소만 추출한다.

적어낸 불안감 중에서, 결단이 실제로 전개될 경우 예상되는 불안만 뽑아낸다.

납기와 품질 부분은 실행 이후에도 불안이 남아…

체크 항목은…

❸ 실패 요인이 될 만한 부분을 체크 항목으로 정리한다.

실패할 상황에 관해 시뮬레이션하고 실패의 징후가 될 수 있는 항목을 찾는다.

예를 들어, 납기에 실패할 것 같다면 '출하일', 품질 저하가 우려된다면 '품질 검사 결과' 등이 체크 항목이 된다.

요컨대, 특정 조건을 기반으로 결단을 내렸다면, 그 조건이 무너졌을 때 어떻게 철수하거나 변경할지도 생각해 두어야 한다. 미리 철수 조건을 정하고, 실패를 예방하기 위해 할 수 있는 일을 생각하다 보면 참신한 아이디어가 떠오르기도 한다. 궁극에는 성공하는 결말을 상정하고 이를 위한 프로세스를 확실히 점검한 후, 다시 한번 결의하고, 결단하고, 첫 행동을 일으키자.

❼ 결단한 타이밍에 과감하게 행동한다.
실패 조건도 예상한 후, 그렇게 되지 않도록, 혹은 실패해도 대책이 있다는 전제하에 과감하게 행동한다.
실패를 포함한 모든 상황을 가정했으니, 두려워할 필요가 전혀 없다!
❻ 실패 조건이 성립했을 때 취할 행동을 결정한다.
납기 지연 시 연락처와 경위서 양식 등을 정해 두자.
우려했던 실패가 현실이 되었을 때, 어떤 행동을 취해야 하는지 미리 정해 두어야 한다.
위급한 상황이 발생했을 때, 즉시 철수 또는 변경할 수 있도록 준비한다.
❺ 점검 주기, 시기, 방법을 결정한다.
출하 예정일까지 정기적인 진행 상황 점검이 필요하겠군.
❹ 실패가 확실해 보이는 항목을 선별한다.
❹에서 선택한 항목을 어떤 주기와 시기에 체크해야 하는지 검토한다.
납기가 가장 불안하므로 출하일을 확인하는 것이 가장 중요해.
체크 항목 중에서, 상황이 여의찮을 경우 실패가 확실한 항목을 골라낸다.

07 인생 전반의 목표를 점검한다

이상과 목표를 달성했다고 해서 끝이 아니다.
목표에는 반드시 '그 이후'가 있다.

인생을 바꾸는 사람은 현재 위치에서 목표에 이르는 과정 전체가 담긴 큰 그림을 내다보며 행동한다. 그 이상으로 나아가는 사람은 큰 그림을 바탕으로 목표 이후, 그 이후까지 내다보며 행동한다. 목표는 종착점이 아니다. 절대 거기서 끝나지 않는다. 모든 목표에는 반드시 '그 이후'가 있다. 그 이후에는 또 그 이후가 있다. 이 여정을 면밀히 살피면, 지금의 목표에 담긴 의미가 명확해진다.

자신의 인생을 조망하고 결단하는 방법

사람의 일생에는 비즈니스만 있는 것이 아니다. 결혼과 육아, 일과 삶의 균형, 질병과 노화 등 생로병사와 관련된 모든 것은 비즈니스 밖에 있으면서도 비즈니스에 깊은 영향을 미친다. 어려운 결단을 앞에 두고 있다면, 인생 전반을 조감도로 봐야 한다. 마치 우주에서 한 인간의 삶 전제를 조망하는 존재가 된 것처럼 의식을 확장해 보자.

자신이 죽은 후에도 세상은 여전히 존재한다. 그 세상이 어떤 모습이었으면 좋겠는지, 그때를 위해 지금의 결단이 적합한지 생각해 보자.
지금 내리는 결단이 자신과 사랑하는 사람들의 미래를 만든다.
❷ 사후 세계를 의식하며 결정한다.
꿈꾸는 것은 우리 모두에게 주어진 특권이다. 그 꿈을 실현하기 위해 결단하고 행동할 수 있는 것도 이 세상에 태어난 자의 특권이다!
자신이 태어나지 않은 세상을 상상해 보자. 자기가 존재하지 않으면, 지금 보이는 세상도 존재하지 않는다. 따라서 지금 자신이 존재하는 이 세상에서 꿈을 실현할 수 있는 존재는 오직 자신뿐이다!
❸ 자신이 존재하지 않는 세상을 의식하고 결단한다.

Power of Execution
VISUAL NOTES

Chapter 07

과욕과 의무감을 내려놓는다

하나에 전념해야 최상의 퍼포먼스를
발휘할 수 있고, 최대의 성과를 얻을 수 있다.

과욕은 행동을 일으키는 데 큰 방해 요인이다.
성과를 내고 싶다면, 가장 중요한 과업을 선택하고
그 한 가지에 100% 집중해야 한다.

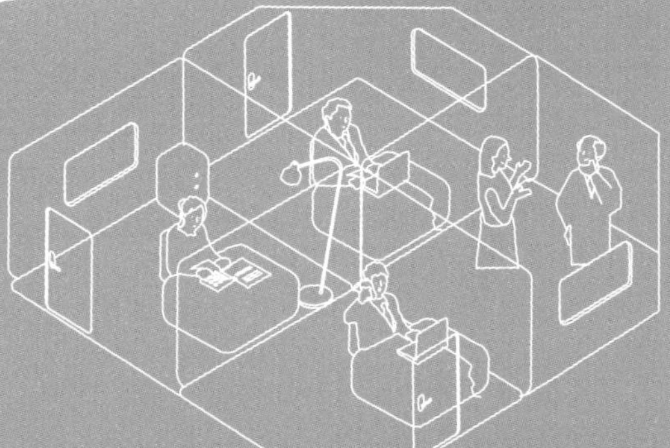

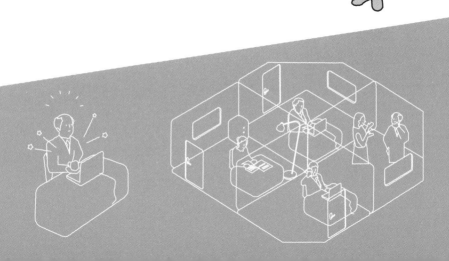

01 버리는 것이 아니라 내려놓는 것이다

버리는 것이 아니라 내려놓는 것이라고 생각하면, 미련 없이 한 가지 일에 집중할 수 있다.

인간은 한 번에 여러 가지 일을 처리할 수 없다. 멀티태스킹이 가능하다고 주장하는 사람도 한 번에 할 수 있는 일은 제한적이다. 이 원리에 따라 딱 하나만 선택하고 나머지는 모두 버리라고 하면 아쉬움이 커진다. 하고 싶은 일이 많은 사람은 특히 포기가 쉽지 않다. 그러니 '버리기' 대신 '내려놓기'로 생각해 보자. 일이든 인간관계든 소중한 것이라면 버릴 필요 없다. 지금은 일단 내려놓고, 나중에 다시 잡으면 된다고 생각하면 마음이 편해진다.

버리는 것이 아니라, 일단 내려놓는 것이다

업무량을 줄이는 방법으로는 '일을 맡지 않는다', '다른 사람에게 일을 넘긴다', '업무 속도를 높여서 빠르게 처리한다' 등의 방법이 있다. 이를 알고 있어도, 업무 분장 권한이나 대체 인력이 없는 경우도 있다. 그래도 '인간은 한 번에 한 가지 일만 할 수 있다'는 원칙은 변하지 않는다. 최우선으로 해야 할 중요한 일 외에는 모두 내려놓고 머릿속에서 일단 지워야 한다.

인간의 뇌는 컴퓨터 메모리와 같다

02 과욕을 경계한다

과욕에 빠지면 큰 성과를 낼 수 없다.
일을 지나치게 많이 하는 사람은 6가지 유형 중 하나 이상에 해당한다.

하고 싶은 일, 해야 할 일이 많고 그에 따른 걱정까지 겹치면 집중력이 흐트러지고 에너지도 분산된다. 10개의 과업을 안고 있다면, 각각에 평균 10% 정도의 에너지만 쏟고 있는 셈이다. 성공하고 싶다면 전력을 다해야 한다. 한 가지 일에 100%의 에너지를 쏟아붓지 못하면, 처리 효율이 떨어지고 성과도 미비할 수밖에 없다. 이일 저일 다 잘하려는 과욕에 빠지는 사람은 대체로 '온순하고 성실하다', '능력이나 재능이 뛰어나다', '체력이 탁월하다', '실패를 두려워한다', '인정 욕구가 강하다', '성공에 집착한다'의 6가지 유형 중 하나 이상에 해당한다.

과욕에 빠지기 쉬운 사람의 특징

과욕에 빠지기 쉬운 사람은 다음 6가지 유형 중 하나 이상에 해당한다.

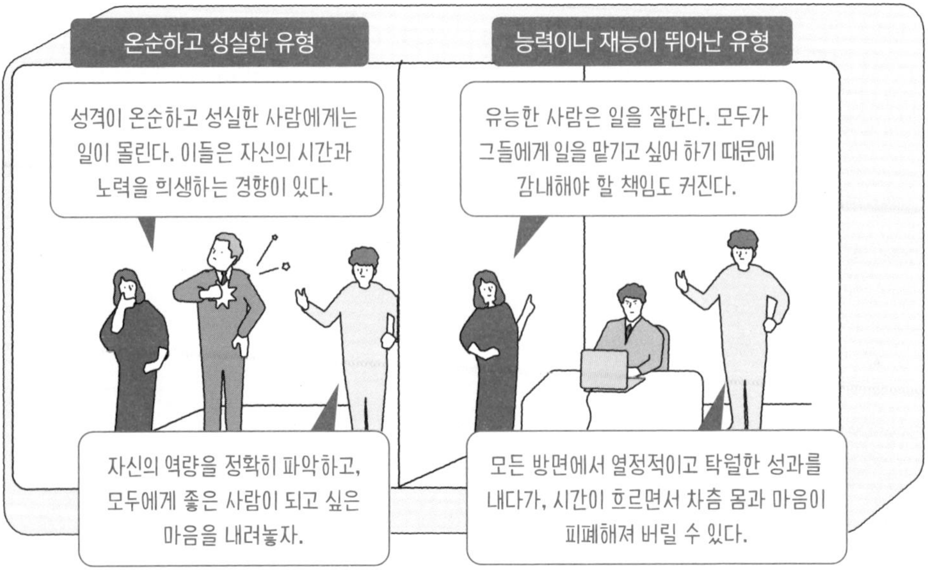
온순하고 성실한 유형
성격이 온순하고 성실한 사람에게는 일이 몰린다. 이들은 자신의 시간과 노력을 희생하는 경향이 있다.
자신의 역량을 정확히 파악하고, 모두에게 좋은 사람이 되고 싶은 마음을 내려놓자.
능력이나 재능이 뛰어난 유형
유능한 사람은 일을 잘한다. 모두가 그들에게 일을 맡기고 싶어 하기 때문에 감내해야 할 책임도 커진다.
모든 방면에서 열정적이고 탁월한 성과를 내다가, 시간이 흐르면서 차츰 몸과 마음이 피폐해져 버릴 수 있다.

과욕을 내려놓는 유일한 방법은 여유(시간, 마음 등)를 확보하는 것이다. 지금까지 한계를 넘어서는 일들도 순조롭게 잘 처리해 왔다면, 혹시 운이 좋았던 것은 아닌지 생각해 보자. 조건과 환경이 조금이라도 달라지면 잡념, 부담감, 불안감 등의 부정적인 감정에 빠질 수 있다. 일상 어딘가에 쉴 틈을 마련해야, 비로소 한발 물러서서 생각할 수 있는 여유가 생긴다.

체력이 탁월한 유형
체력이 좋은 사람은 견디기 힘든 환경에 놓여도 강인한 체력으로 극복할 수 있고 심리적 스트레스에도 강하기 때문에, 주변인들이 끊임없이 의지하며 일을 맡긴다.
체력이 좋은 것은 장점이지만, 체력과 능력에는 한계가 있기 마련이다.
실패를 두려워하는 유형
실패를 두려워하는 사람은 사전 준비에 과도한 힘을 쓰는 경향이 있다. 그 결과, 행동을 일으키기까지 시간이 오래 걸리고 일이 쌓이기 쉽다.
'실패는 존재하지 않는다. 도전의 결과는 성공 아니면 성장, 그 두 가지뿐이다'라는 사고방식으로 전환하자.
인정 욕구가 강한 유형
타인의 인정과 기대에 부응하려고 애쓰는 사람은 부탁을 거절하지 못하는 경향이 있다. 일이 잘 풀리지 않으면 '기대에 어긋나고 싶지 않다'는 생각에 더 열심히 하게 된다.
그 결과, 자기 역량을 넘어서는 일을 맡게 되고, 육체적으로나 정신적으로 힘들어진다.
성공에 집착하는 유형
성공에 집착하는 사람은 의욕과 실적이 높기 때문에 일이 몰린다. 성공에 도움이 되지 않는 일은 가차 없이 거절하지만, 성공에 대한 갈망이 너무 강해서 일을 지나치게 많이 한다.
영업 실적이 상위권인 사람에게서 특히 많이 나타나는 패턴이다.

03 과욕을 내려놓는 5가지 행동 원칙

과부하 상태에서 벗어나기 위해서는 5가지 행동 원칙을 의식할 필요가 있다.

과욕에 빠지기 쉬운 6가지 유형에 해당하는 사람이 많을 것이다. 사실, 우리는 모두 과욕을 내려놓지 못해서 정신적으로 피폐해질 가능성이 있다. 행동하지 못하는 사람, 노력 대비 성과가 낮은 사람이 가장 먼저 해야 할 일은 여유를 확보하는 것이다. 일러스트에서 제시하는 5가지 행동 원칙을 바탕으로 역할 및 책임에 대한 과도한 몰입과 부담감을 내려놓도록 하자.

5가지 행동 원칙

과욕은 일에 한정되지 않는다. TV, 인터넷, 스마트폰이 필수인 지금 시대에는 정보의 물결에 휩쓸려 익사할 확률이 높다. 머릿속을 어지럽히는 정보와 신념, 상념을 모두 내려놓고 몸과 마음 깊은 곳에서 강렬히 요구하는 '진짜 정보'를 포착하는 훈련을 해야 한다. 모든 것을 내려놓고 머리와 마음을 비우면, 불현듯 직감이 솟아오른다. 그것을 재빨리 포착하는 것이다.

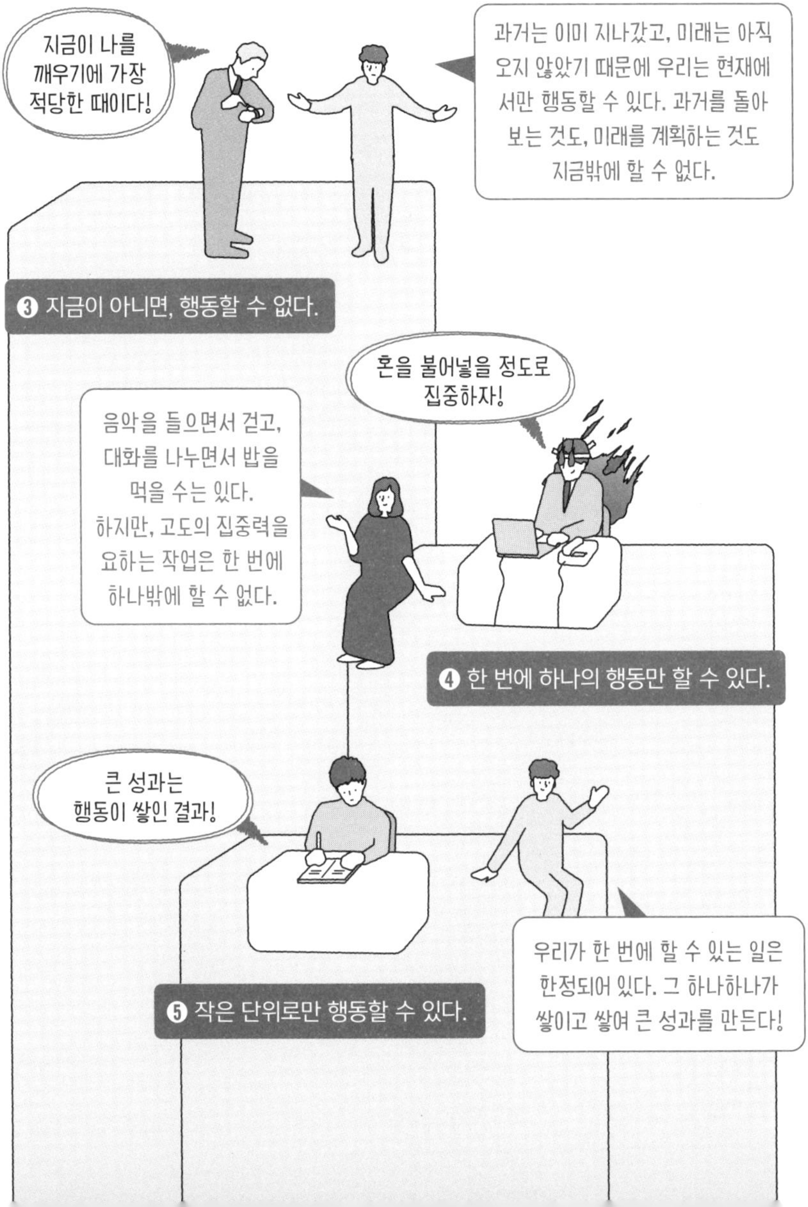
지금이 나를 깨우기에 가장 적당한 때이다!
과거는 이미 지나갔고, 미래는 아직 오지 않았기 때문에 우리는 현재에서만 행동할 수 있다. 과거를 돌아보는 것도, 미래를 계획하는 것도 지금밖에 할 수 없다.
❸ 지금이 아니면, 행동할 수 없다.
혼을 불어넣을 정도로 집중하자!
음악을 들으면서 걷고, 대화를 나누면서 밥을 먹을 수는 있다. 하지만, 고도의 집중력을 요하는 작업은 한 번에 하나밖에 할 수 없다.
❹ 한 번에 하나의 행동만 할 수 있다.
큰 성과는 행동이 쌓인 결과!
우리가 한 번에 할 수 있는 일은 한정되어 있다. 그 하나하나가 쌓이고 쌓여 큰 성과를 만든다!
❺ 작은 단위로만 행동할 수 있다.

04 생각을 단순화하는 4가지 프로세스

한 가지 일에 집중하기 위해서는 전체를 파악한 후 '선택'하는 과정이 중요하다.

업무나 고민의 과부하 상태에 빠지는 이유는 집중할 수 있는 '하나'를 제대로 선택하지 못하기 때문이다. 혹은 전체를 조망하는 과정을 소홀히 하는 바람에 중요도가 낮은 과업을 선택했을 가능성도 있다. 일러스트에서 제시하는 '최적의 행동 선택 프로세스'를 따라 가장 중요한 과업을 선택하면 과부하 상태를 해제할 수 있다.

최적의 행동 선택 프로세스

❶ 내려놓기

조급하게 일을 시작하지 말고, 잠시 숨을 고르며 모든 것을 내려놓는다.

❷ 조망하기

하고 싶은 일, 해야 할 일 전체를 조망한다.

가장 중요한 과업을 선택했다면, 그 한 가지에만 100% 집중해야 한다. 가장 중요한 과업을 제외하고 모두 내려놓으면 집중하지 못할 이유가 없다. 중요한 과업을 미뤘거나, 고민에 잠겼거나, 잡다한 일들을 벌여놓은 상태에서는 집중할 수 없는 것이 당연하다. '최적의 행동 선택 프로세스'를 실천하면, 상황을 단순하게 생각할 수 있고, 해야 할 일을 산더미처럼 쌓아 둔 채 괴로워하는 일이 없어진다.

❹ 매진하기
가장 먼저 해야 할 일에 의식을 집중하고 실행한다.
❸ 선택하기
전체를 조망한 후 가장 먼저 해야 할 일, 단 하나만 선택한다.
지금 할 일을 선택했다면, 선택에서 행동으로 의식을 전환하고 행동에 집중한다.
한 번에 한 가지 일만 할 수 있기 때문에 선택이 가장 중요한 과업이다.
여러 안건 중에서 가장 먼저 해야 할 일을 선택한다. 급하지는 않지만, 중요한 과업은 일정에 포함하거나, 실행할 예정일을 정하는 것으로 대처한다.
4가지 프로세스를 완료한 후에는 다시 한번 전체를 조망하고, 다음에 해야 할 일을 찾아 실천하는 과정을 반복한다.

05 지금 할 수 없는 일은 하지 않는다

지금 할 수 있는 일, 가까운 시일 내에 할 수 있는 일에 집중한다.
지금 할 수 없다면 내려놓아야 한다.

하고 싶어도 지금은 할 수 없는 일, 하고 싶지 않아서 지금은 할 수 없는 일이 있을 것이다. 그 외에도 다양한 이유가 있겠지만, 핵심은 '할 수 없다'이다. 할 수 없는데도 아쉬움이나 부담감 때문에 어떻게든 쥐어짜서 하려고 들면 과부하 상태에 빠진다. 지금은 할 수 없음이 명백한 것들은 모두 내려놓자.

할 수 없는 이유가 아닌, 지금 할 수 있는 일을 찾는다

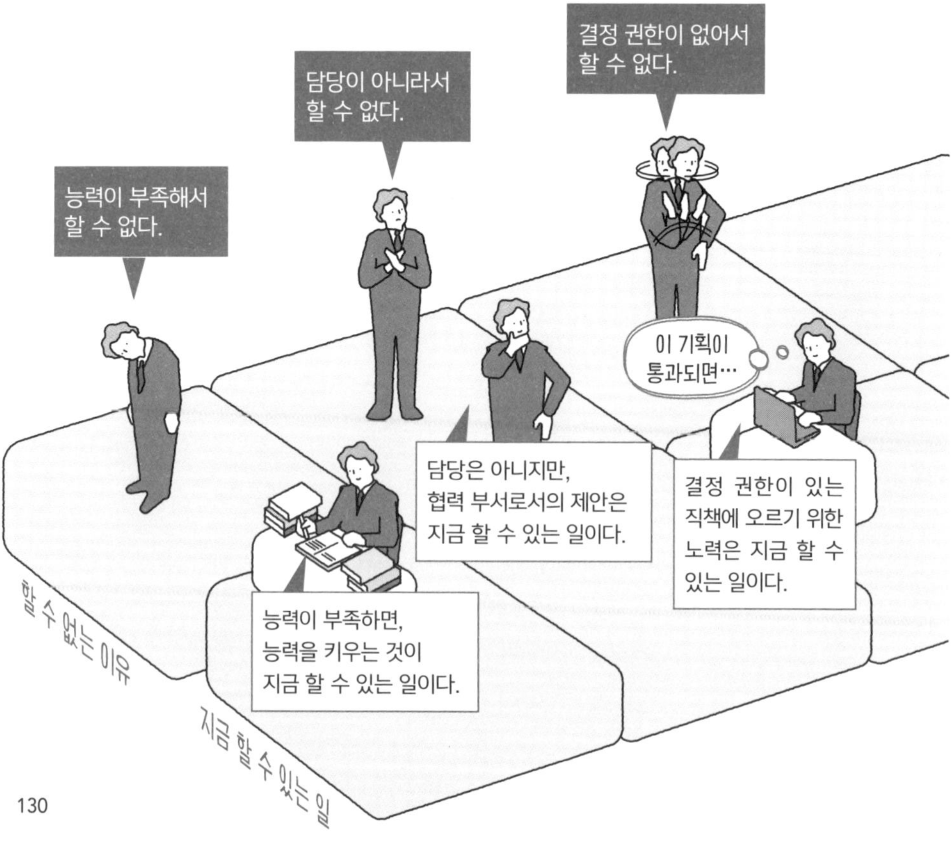

지금 할 수 없는 것을 내려놓는 데 이유는 필요 없다. 할 수 없는 이유를 나열해 봐야, 아무것도 달라지지 않기 때문이다. 이유 불문하고 지금 할 수 없는 것은 무조건 내려놓고, 지금 할 수 있는 일을 찾아보자. 지금 할 수 없는 것에 미련을 두는 것은 무의미한 집착일 뿐이다. 지금 할 수 있는 것, 가까운 시일 내에 할 수 있는 것에 의식을 집중하고 온 에너지를 쏟아보자.

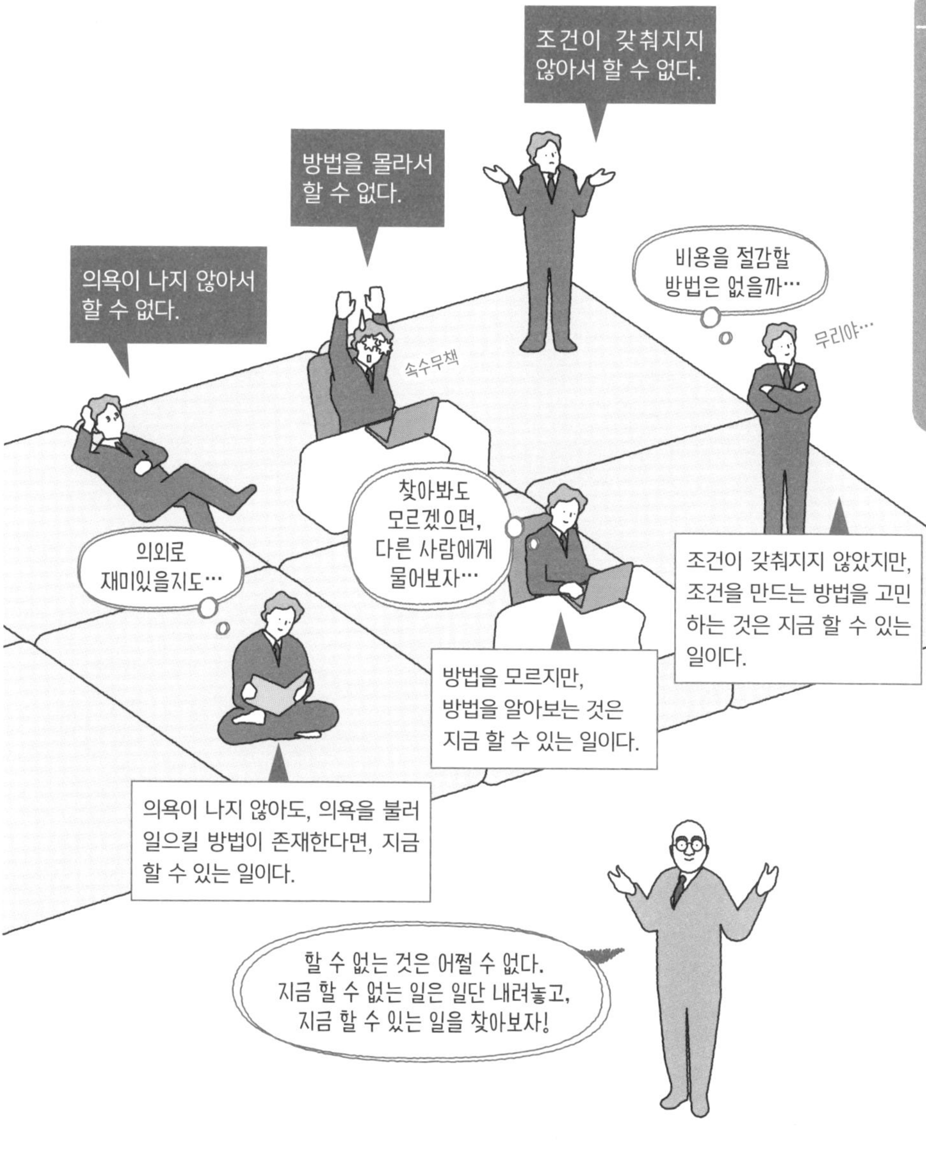

06 시간은 관리할 수 없다

돈이나 물건은 형편에 따라 융통성 있게 처리할 수 있지만, 시간은 그럴 수 없다. 막연히 '아직 시간이 있다'고 넘겨짚지 말고, 행동에 집중하자.

시간은 공간과 함께 인류 최대의 수수께끼로 여겨지며, 수많은 철학자가 논해 온 주제이기도 하다. 실제로 시간은 볼 수도 만질 수도 없다. 시곗바늘이라는 물질의 움직임은 측정할 수 있지만, 시간 자체를 볼 수는 없다. 그래서 시간을 관리하는 것은 불가능한 일이다. '시간 관리'라고 흔히 말하지만, 실제로 관리하고 있는 것은 '시간당 행동'이다. 우리가 관리할 수 있는 것은 오직 행동뿐이다.

시간은 관리할 수 없다

이것이 중요!
시간은 관리할 수 없다!
실제로 관리할 수 있는 것은 '시간당 행동'이다.
Point
지금부터, 시간을 관리할 수 있다는 생각을 버리자. 그러면 시간이 아니라 어떻게 행동해야 할지를 생각하게 된다.

우리는 막연하게 '아직 시간이 있다'는 생각을 품지만, 이것이야말로 업무 과부하에 빠지게 만드는 주요 원인 중 하나이다. 예를 들어, 제출 기한이 2주 후인 서류가 있다고 가정했을 때, 2주라는 시간을 온전히 서류 작성에만 쓸 수 있을까? 그 외에도 처리해야 할 일들이 많을 것이다. 그 시간들을 2주에서 빼면, 서류 작성에 쓸 수 있는 시간은 1~2시간 정도일 수도 있다. 기한이 정해졌을 때, 단순히 기한까지 남은 일수만 기준으로 삼는 것은 계산 착오이다. 그 기간 내 작업할 수 있는 시간을 정확히 계산해야 한다.

제출 기한이 아닌, 작업 가능 시간을 계산한다

07 속도와 질을 검토한다

일에 있어서 '적당히'는 두 가지 의미를 지닌다.
좋은 의미에서 '적당히' 일하는 것도 의식하자.

성실한 사람은 매사를 적당히 처리하지 않는다. 그 결과 일을 과도하게 떠맡게 된다. '적당히'에는 두 가지 의미가 있다. 하나는 '대충 엇비슷하고 요령이 있게'이다. 다른 하나는 '조건과 정도에 알맞게'라는 의미로, 가장 적합하게 '최적화'하는 것을 말한다. 담당자 한 사람이 최적화해도 다른 이해관계자들이 최적화하지 않으면 균형이 맞지 않는다. 업무 전체로 봤을 때, 그야말로 '적당히' 하는 것이 더 나은 경우도 있다.

'적당히'에는 두 종류가 있다

일에 있어서는 '질보다 속도가 중요하다'는 말을 공공연히 하곤 한다. 하지만 속도에만 집착하다 보면 중요한 것을 놓치게 된다. 속도에 관해 주의해야 할 대표적인 오해 3가지는 '빨리 시작', '빨리 진행', '빨리 종료'이다. 최소한의 수고로 적절한 양과 질을 달성해야, 일을 빨리 끝낼 수 있다. 즉, 적당한 양과 질을 파악함으로써, 헛되이 자원을 낭비하거나 무리한 노력으로 피폐해지지 않도록 균형을 맞추는 것이다.

속도에 관한 세 가지 오해

오해 ❶
빨리 시작해야 한다.
모든 업무는 적당한 시기에 시작해서 적당한 시기에 마무리해야 한다. 어떤 일이든 중요도를 따지지 않고 무작정 시작하면 안 된다.
NG
진행하던 일을 중단하고, 좀 전에 지시받은 일을 바로 시작하자.
무작정 서두르다 보면, 마음이 불안해서 실수하기 십상이다. 속도를 높이려고 마음을 조급하게 만들지 않도록 주의하자.
오해 ❷
빨리 진행해야 한다.
NG
빨리 해야 해.
일은 종류에 따라 저마다 요구되는 질과 양이 있다. 서두르다 질이 떨어지면 본말이 전도된 것이다. 서두르는 바람에 허둥대지 않도록 주의하자.
오해 ❸
빨리 끝내야 한다.
어쨌든 빨리 마무리해서 납품하자.
NG
최적을 정의하는 절대적인 기준은 없다. 공적 입장과 사적 입장, 발주처의 입장과 수주처의 입장 등 저마다의 요구가 있다. 관점의 전환을 통해 각각의 요구를 조망하며 판단해야 한다.

08 가장 중요한 일에 주력한다

여러 가지 일을 동시에 병행하는 '멀티태스킹'은 사실 그다지 효과적이지 않다.

여러 가지 일을 동시에 처리하는 것이 능률적이라고 생각하는 사람이 많다. 그러나 이는 착각이다. '멀티태스킹'은 오히려 능률을 떨어트린다. 한 가지 일에 100% 집중하는 것이 품질 면에서나 속도 면에서 훨씬 효율적이다. 고도의 지적 노동은 여러 가지를 동시에 병행할 수 없기 때문이다. 업무 속도를 높이고 싶다면, 단순하게 생각해야 한다. 처음부터 '나는 한 번에 한 가지 일에만 집중할 수 있다'고 단정하고 시작하자. 그러면 집중력이 강화되고 업무의 질도 높아진다.

'멀티태스킹'은 비효율적이다

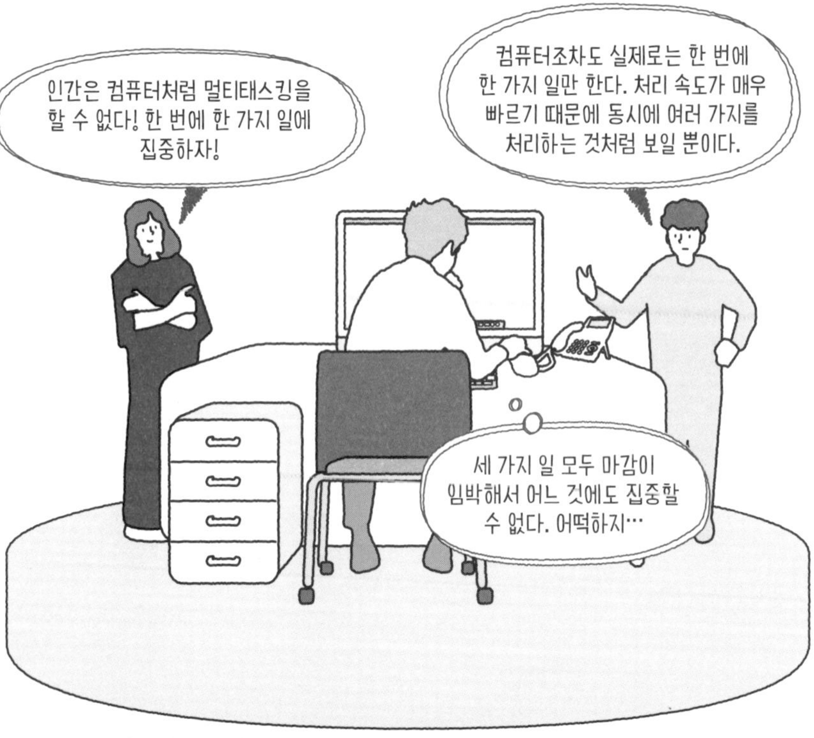

흔히 '일은 우선순위가 중요하다'고들 말하지만, 우선순위 1위인 일을 하는 동안에도 2위 이하의 안건은 계속 변화한다. 그렇다면 차라리 우선순위를 내려놓고 그 시기에 가장 중요한 항목에 집중하는 것이 더 효율적이다. 하나의 업무가 완료되면, 다시 업무 전체를 조망하고 변화 후의 모습을 파악한다. 그리고 그 시기에 가장 중요한 항목을 선택해 실행한다. 매번 제로 베이스에서 생각하고, 가장 중요한 항목 하나에만 100% 집중하는 것이다.

모든 안건을 파악하고 전체 상황을 조망하는 방법

현재 진행하는 일과 예정된 일이 너무 많아서 힘들 때는 추진 안건을 모두 펼쳐놓고 전체 상황을 조망해 보자.
❶ 잠시 눈을 감고, 머릿속을 비운다.
❷ 눈을 뜨고 '무엇이 가장 중요한가?'를 스스로 묻는다.
❸ 번쩍 떠오르는 것을 빠르게 캐치한다.
진지하게 이 과정에 임하면, 가장 중요한 항목을 캐치할 수 있다. 두 번째, 세 번째로 할 일은 생각할 필요 없다.
지금 해야 할 일을 알았으니, 그 일에 집중하고 그 일이 끝날 때까지 다른 일은 머릿속에서 지운다.
우선순위를 정해야 한다는 의무감을 내려놓고, 지금 가장 중요한 항목에만 몰두하자.

스케줄은 절대적이지 않다

스케줄은 타인이 정하는 것이 아니다.
'자신은 어떻게 하고 싶은지'를 먼저 생각해 보자.

원래 정해놓은 스케줄대로 실행할 수 있다면 더할 나위 없이 좋겠지만, 긴급한 상황이 발생하는 순간, 치밀하게 세운 스케줄도 무용지물이 될 수 있다. 자신을 둘러싼 환경은 끊임없이 변화한다. 자기 자신도 예외는 아니다. 일정을 세웠던 시점과 현재, 자신과 세상은 끊임없이 변하고 있다.

자기 주도 스케줄을 짜는 방법

자기 주도 스케줄이란, 자신이 어떻게 하고 싶은지를 마주하는 것이다. 이미 계획된 일정을 내려놓고, 제로베이스에서 생각해 보자.

❶ 한 주간 계획된 일정이 없다고 가정한다.

만약, 이번 주 일주일 동안 계획된 일정이 없다면, 무엇을 하고 싶은지 생각해 보자. 자기 스스로 매우 중요하다고 생각하는 안건이 곧 떠오를 것이다. 그 안건을 스케줄에 넣는다.

신규사업부와의 기획 검토회의가 가장 중요하다.

빈 시간이 많다면, 거기에 정말 하고 싶은 일을 넣어 '자기 주도 스케줄'을 작성해 보자.

일주일 분량의 일정을 채웠다면, 기존에 수첩이나 스케줄 앱 등에 기재했던 세부 안건들을 확인해 보자.

❷ 넣고 싶은 일정을 실제 스케줄에 채워본다.

스케줄을 비교해 보자.

❶에서 만든 '자기 주도 스케줄'과 비교해 보면, 이미 예정되어 있던 일정과 겹치는 것이 많이 나올 것이다.

일을 하다 보면 일정이 계속 추가된다. 직장에서 업무 스케줄 공유 프로그램을 사용하는 경우, "빈 시간대가 보이면 다른 사람들이 회의나 업무 요청 일정을 계속 추가한다."라며 스트레스를 호소하는 사람도 있을 것이다. 타인이 정한 스케줄에 휘둘리고 있다고 느낀다면, 기존 스케줄을 잠시 무시하고 '자기 주도 스케줄'을 짜는 방법을 시도해 보자.

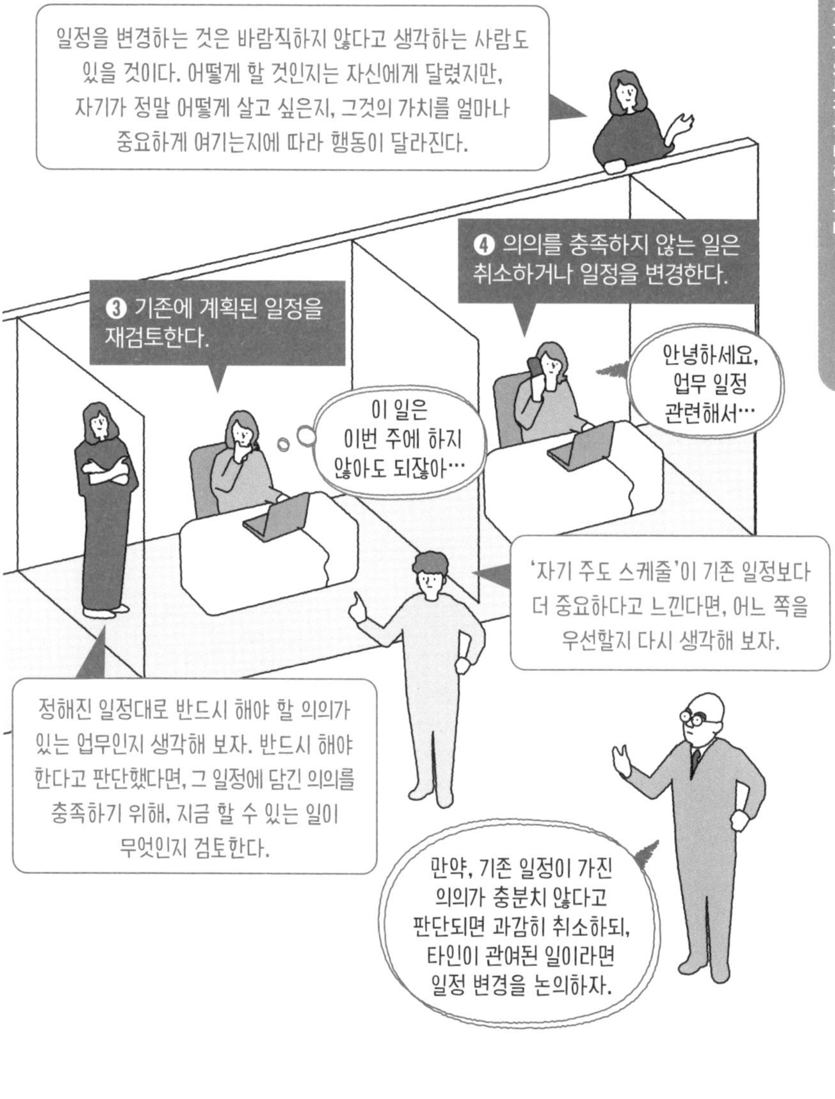

일정을 변경하는 것은 바람직하지 않다고 생각하는 사람도 있을 것이다. 어떻게 할 것인지는 자신에게 달렸지만, 자기가 정말 어떻게 살고 싶은지, 그것의 가치를 얼마나 중요하게 여기는지에 따라 행동이 달라진다.
❹ 의의를 충족하지 않는 일은 취소하거나 일정을 변경한다.
❸ 기존에 계획된 일정을 재검토한다.
안녕하세요, 업무 일정 관련해서…
이 일은 이번 주에 하지 않아도 되잖아…
'자기 주도 스케줄'이 기존 일정보다 더 중요하다고 느낀다면, 어느 쪽을 우선할지 다시 생각해 보자.
정해진 일정대로 반드시 해야 할 의의가 있는 업무인지 생각해 보자. 반드시 해야 한다고 판단했다면, 그 일정에 담긴 의의를 충족하기 위해, 지금 할 수 있는 일이 무엇인지 검토한다.
만약, 기존 일정이 가진 의의가 충분치 않다고 판단되면 과감히 취소하되, 타인이 관여된 일이라면 일정 변경을 논의하자.

Power of Execution
VISUAL NOTES

Chapter 08

불안감을 내려놓는다

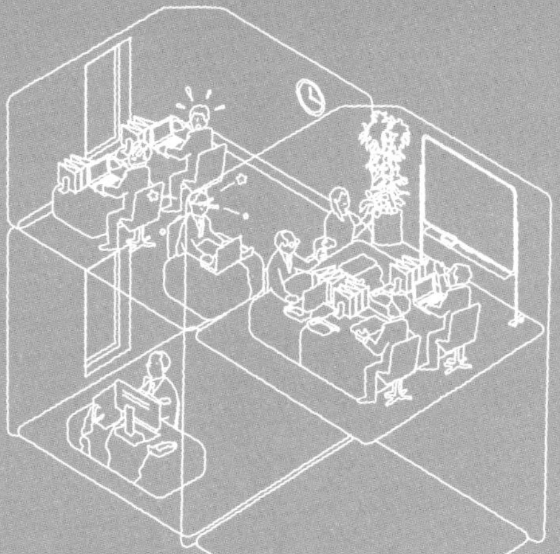

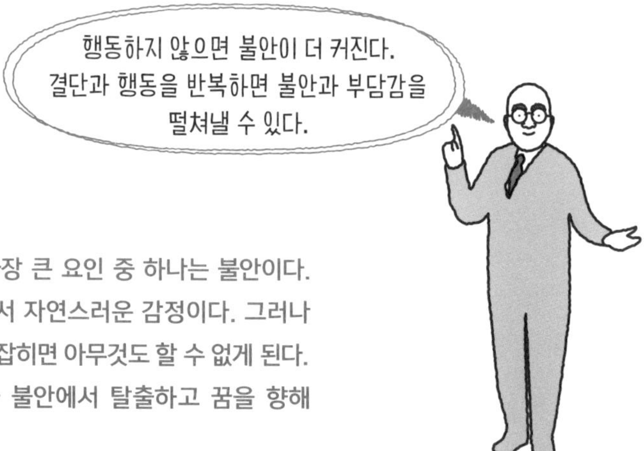
행동하지 않으면 불안이 더 커진다.
결단과 행동을 반복하면 불안과 부담감을
떨쳐낼 수 있다.

행동을 제한하는 가장 큰 요인 중 하나는 불안이다. 불안감은 인간으로서 자연스러운 감정이다. 그러나 과도한 불안에 사로잡히면 아무것도 할 수 없게 된다. 사사로운 두려움과 불안에서 탈출하고 꿈을 향해 날아가자.

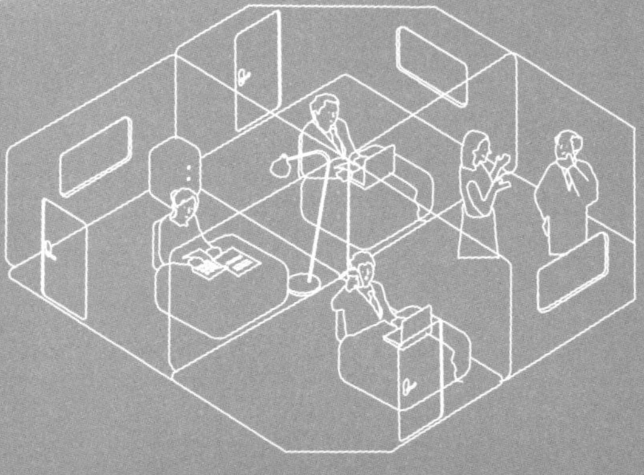

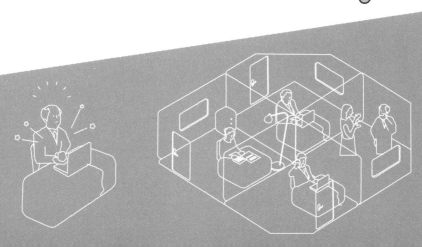

01 내려놓으면 자유로워진다

불안감과 공포심은 행동을 제한한다. 마음을 짓눌러온 사사로운 두려움을 모두 내려놓자.

Chapter 07에서 과욕을 내려놓자고 강조했다. 그럼에도 '과연 내려놓아도 될까?'라며 의구심을 느끼는 사람도 있을 것이다. 전혀 걱정할 필요 없다. 왜냐하면 지금 쥐고 있는 쓸데없는 것들을 놓으면 더 많은 도전 기회를 잡을 수 있기 때문이다. 과거의 성공 경험을 내려놓고, 미래의 실패 공포를 내려놓고, 마음의 불안을 내려놓고, 주변의 부적절한 인간관계를 내려놓는다. '내려놓기'를 잘하는 사람이 결국은 원하는 바를 이룰 수 있다.

성공한 사람들은 '내려놓기'도 잘한다

과거의 성공 경험을 내려놓는다.
‖
과거의 성공에 연연하지 않고, 항상 새로운 도전을 추구한다.
주변의 부적절한 인간관계를 내려놓는다.
‖
유유상종의 원리에 따라, 자신의 도전을 방해하는 교제를 중단한다.
미래의 실패 공포를 내려놓는다.
‖
'성공과 실패'가 아닌, '성공과 성장'이 있을 뿐이다.
가능성은 무한하다!
쑥쑥 성장하자!
'나는 언제든 내려놓을 자유가 있다!'라고 되새기자.

자신을 짓눌러온 누름돌들을 하나씩 내려놓는 순간, 해방감을 느낄 수 있다. 더 높은 관점으로 자유롭게 날아올라 세상을 바라보면 기존에 보지 못했던 수많은 선택지가 보인다. 사람, 물건, 돈, 지식, 정보, 기술 등을 활용하는 노하우를 깨달을 수도 있다. 내려놓음으로써 자유를 얻고, 제약 없는 가능성을 누릴 수 있는 것이다. 잃을 것은 아무것도 없다. 가진 것을 잃을지도 모른다는 막연한 불안감, 행동을 짓눌러 온 사사로운 두려움들을 모두 내려놓자.

두려움을 대수롭지 않게 내려놓는 방법

02 자기 기준을 세운다

행복과 신념은 타인의 기준이 아닌 '자기 기준'에서 찾아야 행동에 흔들림이 없다.

행복의 조건은 무엇일까? '부자가 되면 행복하다', '가정이 화목하면 행복하다', '세계적으로 명성을 떨치면 행복하다' 등 행복을 정의하는 기준은 저마다 다르다. 그렇다면 진정한 행복의 기준은 어떻게 찾을 수 있을까? 심리학자 알프레드 아들러는 모든 사람에게 공통으로 적용되는 행복의 조건을 '공동체 감각'이라고 말한다. 공동체 감각이란, '자기 수용', '타인 신뢰', '공헌 의식'이다. 이 3가지 조건을 탐구하면 자기 기준의 행복을 찾을 수 있다.

행복의 조건(공동체 감각)

타인의 기준에 맞추다 보면, 신념 역시 행동을 제한하는 원인이 된다. 프리드리히 니체가 경고한 바와 같이, 때때로 신념은 자신을 가두는 감옥이 되기도 한다. 예를 들어, '집단의 질서를 어지럽히면 안 된다', '다수의 의견을 따라야 한다' 등 특정 상황에서는 유효한 관념이 평생 지켜야 하는 신념으로 굳어지면, 모든 일에서 행동을 제한하게 된다. 자신을 지키고 타인을 돕는데 이로운 신념도 물론 있다. 하지만 '행동을 제한하는 신념'이라면 내려놓을 줄도 알아야 한다.

행동을 제한하는 신념을 내려놓는 방법

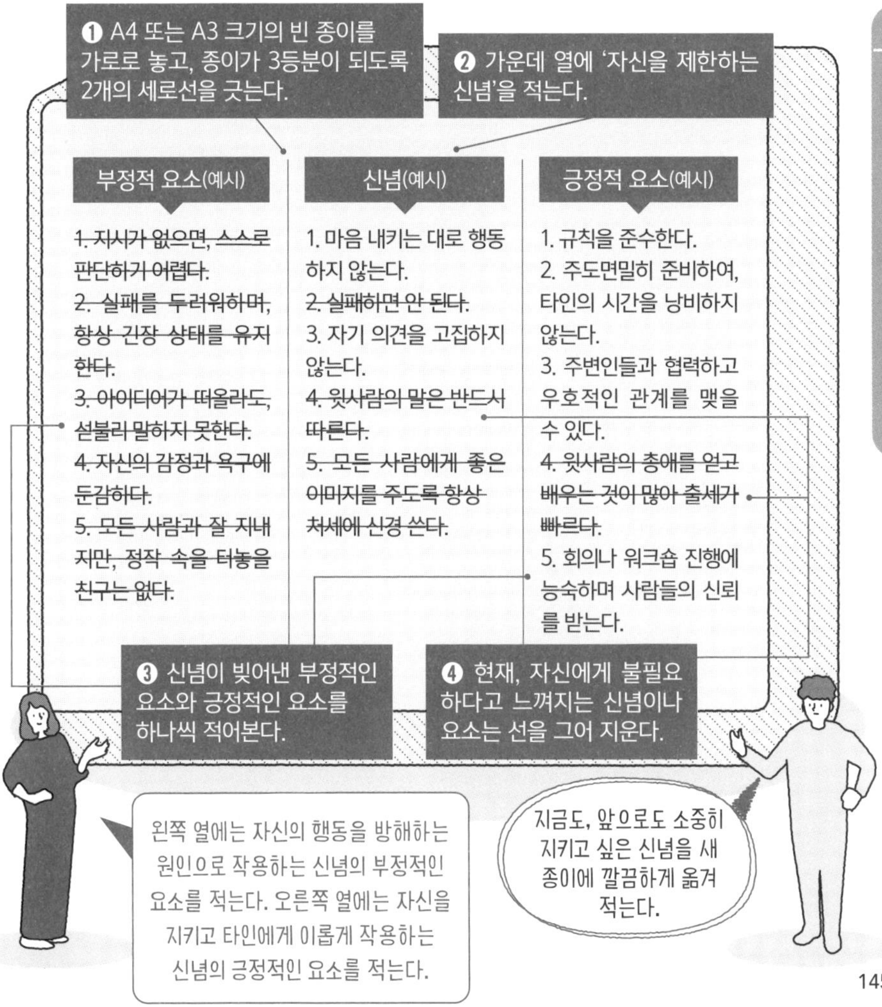

❶ A4 또는 A3 크기의 빈 종이를 가로로 놓고, 종이가 3등분이 되도록 2개의 세로선을 긋는다.
❷ 가운데 열에 '자신을 제한하는 신념'을 적는다.
부정적 요소(예시)
~~1. 지시가 없으면, 스스로 판단하기 어렵다.~~
~~2. 실패를 두려워하며, 항상 긴장 상태를 유지한다.~~
~~3. 아이디어가 떠올라도, 섣불리 말하지 못한다.~~
~~4. 자신의 감정과 욕구에 둔감하다.~~
~~5. 모든 사람과 잘 지내지만, 정작 속을 터놓을 친구는 없다.~~
신념(예시)
1. 마음 내키는 대로 행동하지 않는다.
~~2. 실패하면 안 된다.~~
3. 자기 의견을 고집하지 않는다.
~~4. 윗사람의 말은 반드시 따른다.~~
~~5. 모든 사람에게 좋은 이미지를 주도록 항상 처세에 신경 쓴다.~~
긍정적 요소(예시)
1. 규칙을 준수한다.
2. 주도면밀히 준비하여, 타인의 시간을 낭비하지 않는다.
3. 주변인들과 협력하고 우호적인 관계를 맺을 수 있다.
~~4. 윗사람의 총애를 얻고 배우는 것이 많아 출세가 빠르다.~~
5. 회의나 워크숍 진행에 능숙하며 사람들의 신뢰를 받는다.
❸ 신념이 빚어낸 부정적인 요소와 긍정적인 요소를 하나씩 적어본다.
❹ 현재, 자신에게 불필요하다고 느껴지는 신념이나 요소는 선을 그어 지운다.
왼쪽 열에는 자신의 행동을 방해하는 원인으로 작용하는 신념의 부정적인 요소를 적는다. 오른쪽 열에는 자신을 지키고 타인에게 이롭게 작용하는 신념의 긍정적인 요소를 적는다.
지금도, 앞으로도 소중히 지키고 싶은 신념을 새 종이에 깔끔하게 옮겨 적는다.

03 돈에 대한 불안보다 돈의 가능성에 주목한다

행동을 제한하는 돈에 대한 불안을 내려놓고, 행동을 촉진하는 돈의 가능성에 주목하자.

절약은 미덕 중 하나지만, '아껴야 한다'는 생각에 지나치게 사로잡히면 행동이 위축될 수 있다. 특히 배움이나 성장에 관련된 돈에 대해서는 '아깝다'는 생각 자체를 버리는 것이 좋다. 책이나 세미나, 코칭 등의 비용에 대해 '본전을 뽑을 수 있을까?'라며 아까워하고 원금 회수를 고려하느라 배움을 미루면, 아무것도 변화시킬 수 없다.

'아껴야 한다'는 마인드를 내려놓는다

아껴야 한다는 생각의 근원에는 '돈에 대한 불안감'이 있다. 하지만 세상에는 '돈의 가능성'에 눈뜨게 하고, '부자가 되는 방법'을 알려주는 책도 많다. 돈에 대해 막연한 불안감을 안고 사느니, 돈이 벌리는 구조를 터득하고, 돈 이상의 가치를 보는 시야와 지혜를 배우는 것이 훨씬 이득이다.

돈의 가능성에 주목한다

* 일본 서평 메일 매거진 '비즈니스 북 마라톤' 발행인

04 약점 극복의 의무감을 내려놓는다

행동을 억제하는 불필요한 신념과 조급함은 놓아버리자.

'잘해야 한다'는 생각의 기저에는 약점 극복에 대한 의지가 깊이 자리하고 있다. 익숙하지 못하고 서툰 분야에 대해서는 자신의 미숙함을 인정하고, 완벽하게 잘하겠다는 생각을 내려놓자. 당신이 생경한 분야에서 성공하기를 기대하는 사람이 있을까? 설령 있다 해도, 그 기대에 부응할 필요가 있을까? 약점에 집중해서 극복하려고 애쓰기보다는 좋아하고 잘하는 일로 강점을 늘려보자.

미숙한 분야를 잘해야 한다는 의무감을 버리자

계획하고 구상한 것들을 실천에 옮기지 못해서 자기혐오에 빠지고, '뭐라도 해야 한다'는 조바심에 시달리는 사람도 많을 것이다. 행동에 나서지 않으면 아무것도 바뀌지 않는 것은 사실이지만, 그 전에 '어떻게 변화하고 싶은지', '정말로 이루고 싶은 것이 무엇인지'를 명확히 하는 것이 무엇보다 중요하다. 조바심이 날 때는 자신의 꿈과 희망, 포부 그리고 진정 바라는 자기상 등 삶의 방향성에 관해 근본적으로 생각해 보자. 의무감을 내려놓고, '진심으로 하고 싶은 것'을 행동으로 옮겨보는 것이다.

삶의 방향성으로 의식을 돌린다

재능을 마음껏 발산하는 장면
꿈같은 일상
심호흡을 통해 의식을 한곳에 모으고, 그곳에 '가슴 뛰는 미래상'을 그려 본다.
호화로운 라이프 스타일
마음이 편안해지는 풍경
꿈꾸던 세상을 누리는 모습을 상상했을 때 마음이 설렌다면, 그 장면에서 무엇이 소중하고, 어떤 점이 기분 좋은지, 왜 좋아하는지 생각해 보자. 그것이 바로 자신의 가치관을 나타내는 것이다.
그 가치관을 충족하기 위해 '내가 할 수 있는 일은 무엇일까?'를 생각하면서 지금 당장 할 수 있는 작은 행동을 찾아보자.

05 미래에 대한 불안을 내려놓는다

매사 소극적인 태도를 취하면 불안에 잠식당할 수밖에 없다.
스스로 적극적인 행동에 나서야 미래에 대한 불안에서 벗어날 수 있다.

불안에 시달리는 사람은 고민의 굴레 속에서 항상 방황하고 있다. 아무리 생각이 많아도 행동이 따르지 않으면, 변화는 일어나지 않는다. 불안이 마음속에 머물지 않도록 하려면, 삶의 방식을 스스로 선택하고 주도해야 한다. 자기 인생에 대해 수동적이고 무심한 태도를 취해서는 안 된다. 환경의 변화에 그저 순응하는 것이 아니라, 자신과 환경을 변화시킬 작은 행동이 무엇인지 생각하는 것이다. 그 행동을 실천하다 보면, 미래에 대한 불안에서 확실히 벗어날 수 있다.

삶의 방식을 스스로 선택한다

실직에 대한 불안은 직장인의 가장 큰 고민 중 하나이다. 생계가 걸린 일자리를 잃는 것은 매우 두려운 일이다. 하지만 안주하려고 애쓸수록 매사에 조심스러워지고, 행동하지 않게 된다는 것이 더 큰 문제이다. 불안에 얽매이면 일이 잘 풀리지 않는다. 시대가 변하면 직장을 잃는 차원이 아니라, 자신이 몸담은 직종 자체가 사라질 수도 있다. 그러니 한발 더 나아가, 일을 상상하고 창조하는 모드로 마인드를 전환하자.

실직에 대한 불안을 내려놓는 방법

06 무엇을 위해 일하는지 생각한다

편안한 환경, 높은 연봉과 승진을 추구할 수는 있다.
이것이 일에 대한 가치관으로 자리하면 큰 변화를 기대할 수 없다.

많은 노력이 필요하지 않고 편하게 할 수 있는 일에 안주하면, 자연스럽게 소극적인 태도가 되고, 성취감을 느끼지 못한다. 지금 가만히 생각해 보자. 우리는 무엇을 위해 일하는 것일까? 대의적인 관점에서 우리가 일을 하는 목적은 '이 세상을 더 나은 곳으로 만들기 위해서'이다. 비즈니스 관점에서 우리가 일을 하는 목적은 '고객을 만족시키기 위해서'이다. 고객이 만족하지 않는 상품은 시장에서 외면당할 것이 분명하기 때문이다. 우리가 일을 하는 목적에는 대의적 관점과 비즈니스 관점이 모두 해당한다.

무엇을 위해 일하는가?

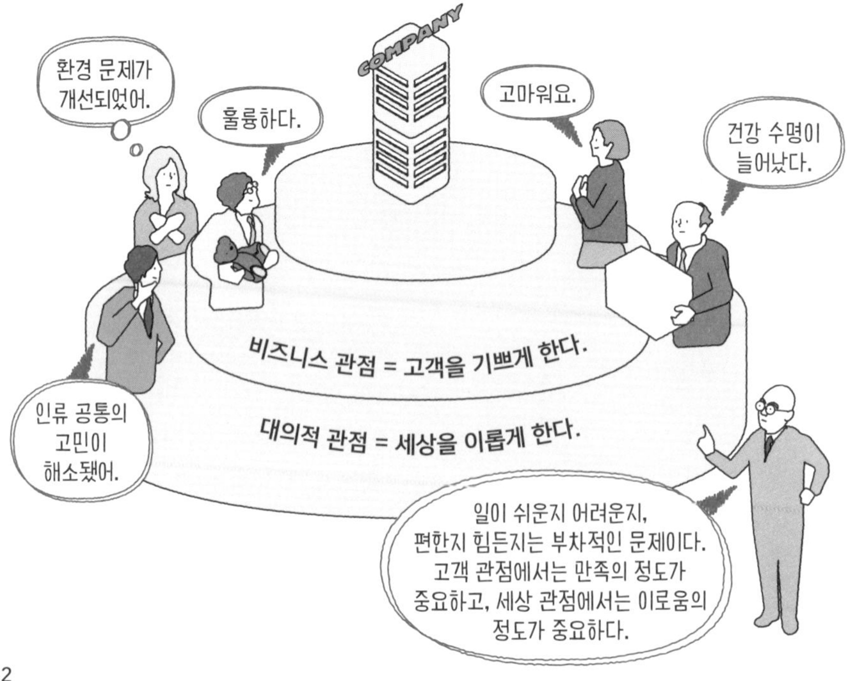

반대로, 연봉 인상과 승진이라는 목적에 집착하다 보면 과도하게 일에 매몰될 수 있다. 연봉 인상이나 승진은 본인의 의지나 바람대로 되는 것이 아니다. 정말 중요한 것은 자신의 노력이 고객을 만족시킬 수 있는가이다. 그러기 위해서는 연봉이나 승진에 대한 집착을 과감히 내려놓고, 시야를 넓혀서 일과 자신의 대외적 가치를 향상하는 데 초점을 맞춰 보자.

대외적 가치 향상에 집중한다

07 논리나 성공보다 행동에 집중한다

논리적 사고와 성공에 대한 집착은 행동을 둔하게 만든다.
행동을 촉진하는 가장 예리한 무기는 '직감'이다.

논리적 사고Logical Thinking는 직장인이라면 마땅히 갖추어야 할 강력한 무기로 여겨지곤 한다. 그러나 매사 논리적 인과 관계를 추구하고, 모든 행동의 논리를 따지다 보면 행동이 느려진다. 행동을 촉구하는 강력한 무기는 논리가 아니라 '직감'이다. 직감에 따라 행동하고 이를 논리적으로 설명하여 세상을 움직이는 것이 중요하다.

직감이 먼저이고 논리는 다음이다

이거야!
느낌이 좋아!
한 번 가 보자!
자신의 직감을 타인에게 설명할 단계에 이르러서야, 비로소 논리가 필요해진다.
사람의 두뇌는 컴퓨터 메모리와 같아서…
그래?
행동의 원동력은 직감이다.

성공에 대한 집착도 행동을 둔하게 만든다. '성공'은 목표가 달성된 '결과'이다. 성공이든 실패든, 귀중한 실험 결과이다. 결과를 의식하되, 실패를 두려워하지 말고 과감하게 도전해야 한다. 성공에 대한 집착을 즉시 내려놓고 행동에 집중하자.

성공에 대한 집착을 내려놓는다

---

08 자발적 관계를 맺는다

인맥과 인간관계를 주체적으로 맺으면, 인생이 극적으로 달라진다.

신규 사업을 준비하거나 새로운 프로젝트를 시작할 때, 인맥이 없다는 이유로 아이디어를 포기하거나 분야를 축소하는 것은 섣부른 판단이다. 우선 가까운 지인이나 기존 거래처 등에 문의하여 인맥을 넓힐 수도 있다. 또한, SNS가 발달한 세상에 살고 있으니, 마음만 먹으면 만나고 싶은 사람에게 닿는 것이 그리 어려운 일은 아니다. 자발적 관계를 맺겠다고 결심하고 진심으로 행동하면, 인생이 극적으로 바뀔 것이다.

인맥은 스스로 만드는 것이다

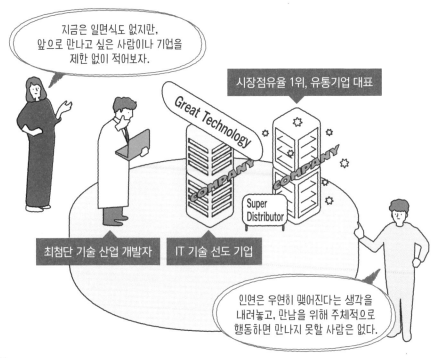

지금은 일면식도 없지만, 앞으로 만나고 싶은 사람이나 기업을 제한 없이 적어보자.

시장점유율 1위, 유통기업 대표

최첨단 기술 산업 개발자

IT 기술 선도 기업

인연은 우연히 맺어진다는 생각을 내려놓고, 만남을 위해 주체적으로 행동하면 만나지 못할 사람은 없다.

인간관계가 버겁게 느껴진다면, 어지럽게 흩어져 있는 교제 범위를 자발적으로 정돈하는 것이 좋다. 간단하게 실천할 수 있는 방법은, 일단 포스트잇에 지인이나 동료, 친구들의 이름을 모두 적는다. 그중에 만나고 싶은 사람이 있으면 바로 연락을 취해보자. 정말 만나고 싶은 사람만 선별하여 만나다 보면, 불편하고 성가신 사람과의 만남이 점차 줄어들어 자연스레 멀어지게 될 것이다.

버거운 인간관계 정리하기

❶ 스마트 폰 연락처를 보지 말고, 지인들의 이름을 떠오르는 대로 포스트잇에 적는다.

❷ 작성한 포스트잇을 큰 종이에 붙여서 분류해 보자.

이 작업을 통해 자신에게 적합한 관계적 거리감, 이로운 관계를 맺는 방법을 생각해 볼 수 있다.

이 작업은 엑셀 등의 표 계산 프로그램을 사용하면 편리하다.

안녕하세요, 오랜만이네요…

❸ 정리가 끝나면 새로운 연락처 목록을 만들어 보자.

❹ 요즘 뜸했지만, 정말 만나고 싶었던 사람이 있다면 바로 연락을 취해 보자.

09 나쁜 습관을 고치는 방법

다른 습관으로 대체하면 나쁜 습관을 고치는 데 도움이 된다.

사람은 누구나 나쁜 습관을 지니고 있다. 나쁜 습관을 고치려면 무엇이 나쁜지 구체적으로 파악하는 것이 도움이 된다. 특히 돈이나 시간 등 측정 가능한 것으로 환산하여 구체화하면 효과적이다. 지금까지 나쁜 습관을 유지하는 데 들어간 시간과 비용, 영향을 계산해 보는 것이다. 습관화된 낭비를 1개월, 1년, 10년 단위로 환산하면 엄청난 양이 눈에 보여서 놀랄 수도 있다. '이 돈을 다른 데 썼으면 더 좋았을 텐데', '이 시간을 자기계발에 썼으면 지금 엄청나게 달라졌을 텐데'라는 생각이 들 것이다.

나쁜 습관을 좋은 습관으로 바꾸기

역시 명품이 최고야!
흡연
과소비
미루기
너무 많이 마셨어…
아직 괜찮아.
폭음
또 지각이네.
본인도 인정하는 나쁜 습관이 있다면, 지금 놓아 버리자!
지각
게으름

예를 들어, 하루에 담배 한 갑을 피우는 사람은 매일 4,500원을 지출하고, 한 달이면 약 135,000원, 1년이면 약 1,620,000원, 10년이면 약 16,200,000원이 된다. 미래의 윤택한 인생을 위해 그 돈을 쓸 방법은 없는지 생각해 보자. 효과적인 사용처를 찾았다면, 지금까지의 나쁜 습관을 버리고 그곳에 투자하자.

10 꿈과 관계없는 것은 내려놓는다

세상의 모든 발명, 발견, 혁신은 누군가의 꿈에서 시작되었다고 해도 과언이 아니다.

다른 사람이 자신의 꿈을 이야기할 때, "그건 좀 허황한 꿈 아닐까?"라며 무심한 태도로 부정하거나 무시한 적이 있는가? 사실, 그런 반응은 주의해야 한다. 타인의 꿈을 부정하는 에너지는 자신의 꿈도 부정하게 된다. 지금은 실현 불가능해 보이는 꿈일지라도, 현실에 맞게 행동하는 과정에서 실현 가능한 계획으로 수정되기 마련이다. 꿈을 이야기하는 시점에서는 실현 가능성이 작아도 부정할 이유가 전혀 없다.

타인의 꿈을 에너지로 삼는다

'타인의 꿈'에서 배운다.
꿈에는 그 사람의 사고 패턴과 가치관이 고스란히 담겨 있기 때문에, 이를 받아들이면 생각지도 못한 아이디어가 탄생할 수도 있다.
타인의 꿈에 공감하고 진지하게 대화하다 보면, 자신에게 유용한 자양분을 끌어낼 수 있다.
'타인의 꿈'에서 에너지를 흡수한다.
타인의 열망에 자신의 마음을 투영하면, 꿈을 향한 열망이 강해진다.
'타인의 꿈'과 협업한다.
꿈을 실현하기 위해 협력하면, 빨리 실현할 수 있는 길이 보인다.

꿈은 세상을 움직이는 원동력이다. 꿈꾸는 힘이 약해지면 삶의 방향이 불확실해지고, 중요한 일과 중요하지 않은 일을 가르는 경계가 모호해진다. 그러다 보면, 중요하지 않은 일만 하면서 소중한 인생을 낭비하게 될 수도 있다. 꿈이 있으면 꿈과 상관없는 것들을 내려놓을 수 있다. 꿈을 이루는 데 불필요한 일들을 내려놓음으로써, 꿈을 실현하는 데 필요한 아이디어를 도입하고, 중요한 일에 몰입할 수 있게 된다.

비전, 결단, 소통

Power of Execution
VISUAL NOTES

Chapter 09

에너지를 하나에 집중한다

과욕과 불안을 내려놓았다면,
'지금, 이 순간에 해야 할 일'을 선택하고,
즉시 실행에 옮기자.

모든 일에서 가장 중요한 것은 '품질'과 '속도'이다.
이 두 가지를 향상하기 위해서는 고도의 집중력이 필요하다.
집중력을 강화하기 위해서는 '내려놓기'와 더불어 몰입해야 할 한 가지로 '좁히기'가 필요하다.

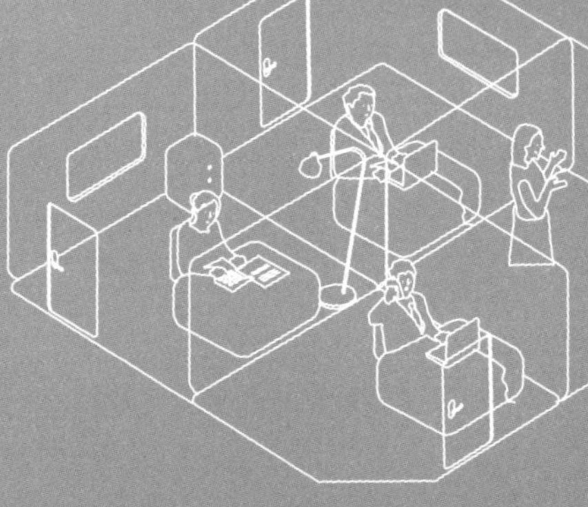

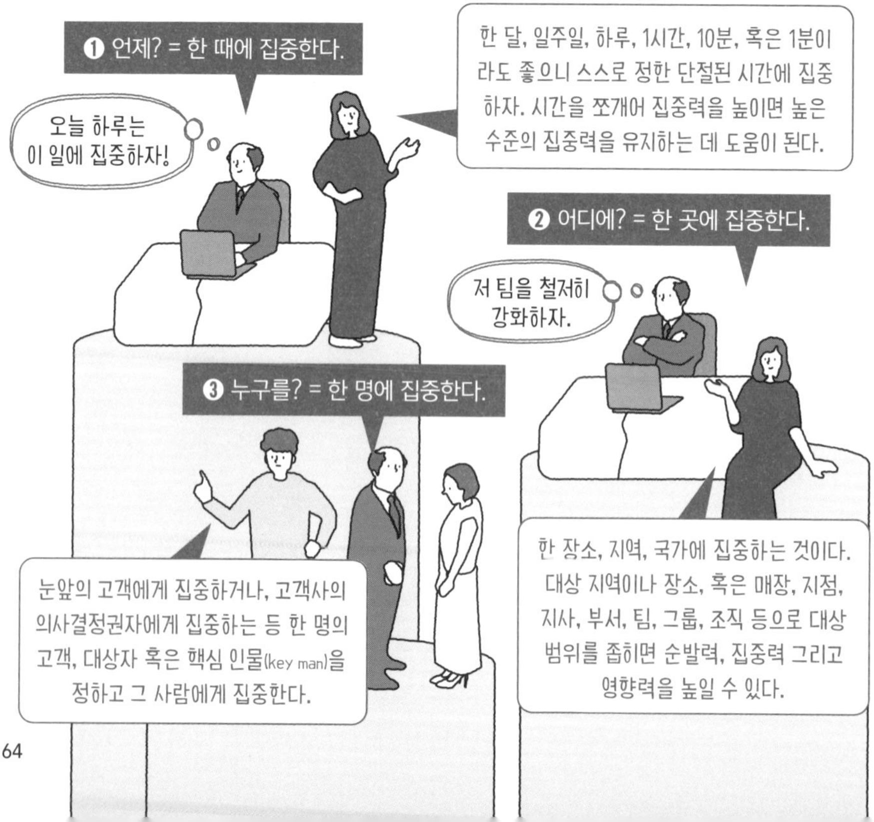

01 7가지 영역으로 좁힌다

의미 있게 행동하기 위해서는 '내려놓기'뿐만 아니라 집중해야 할 한 가지로 '좁히기'도 중요하다.

Chapter 07과 08에서 과욕과 불안을 내려놓는 것이 중요하다고 강조했다. 그렇다면, 내려놓은 후에는 무엇을 해야 할까? 바로 집중할 단 하나를 선택하는 것이다. 자신을 옥죄이던 것들을 모두 내려놓고 단순화했기 때문에, 선택이 가능한 단계에 이른 것이다. 그동안 많은 일을 힘들게 감당해 온 사람일수록 내려놓았을 때 더 큰 힘을 발휘할 수 있다.

7가지 영역으로 좁히기

❶ 언제? = 한 때에 집중한다.

오늘 하루는 이 일에 집중하자!

한 달, 일주일, 하루, 1시간, 10분, 혹은 1분이라도 좋으니 스스로 정한 단절된 시간에 집중하자. 시간을 쪼개어 집중력을 높이면 높은 수준의 집중력을 유지하는 데 도움이 된다.

❷ 어디에? = 한 곳에 집중한다.

저 팀을 철저히 강화하자.

한 장소, 지역, 국가에 집중하는 것이다. 대상 지역이나 장소, 혹은 매장, 지점, 지사, 부서, 팀, 그룹, 조직 등으로 대상 범위를 좁히면 순발력, 집중력 그리고 영향력을 높일 수 있다.

❸ 누구를? = 한 명에 집중한다.

눈앞의 고객에게 집중하거나, 고객사의 의사결정권자에게 집중하는 등 한 명의 고객, 대상자 혹은 핵심 인물(key man)을 정하고 그 사람에게 집중한다.

자기 역량을 초과하는 업무에 전력을 다해 온 사람이 단 하나에 모든 에너지를 쏟으면, 큰 성과로 이어지는 것은 당연한 이치이다. 그렇다면 구체적으로 어떻게 해야 할까? '언제, 어디에, 누구를, 무엇을, 왜, 어떻게, 어떤 얼굴로'라는 7가지 영역으로 범위를 좁혀보자. 이 방법을 시도해 보면, 집중해야 할 '하나'를 찾을 수 있을 것이다.

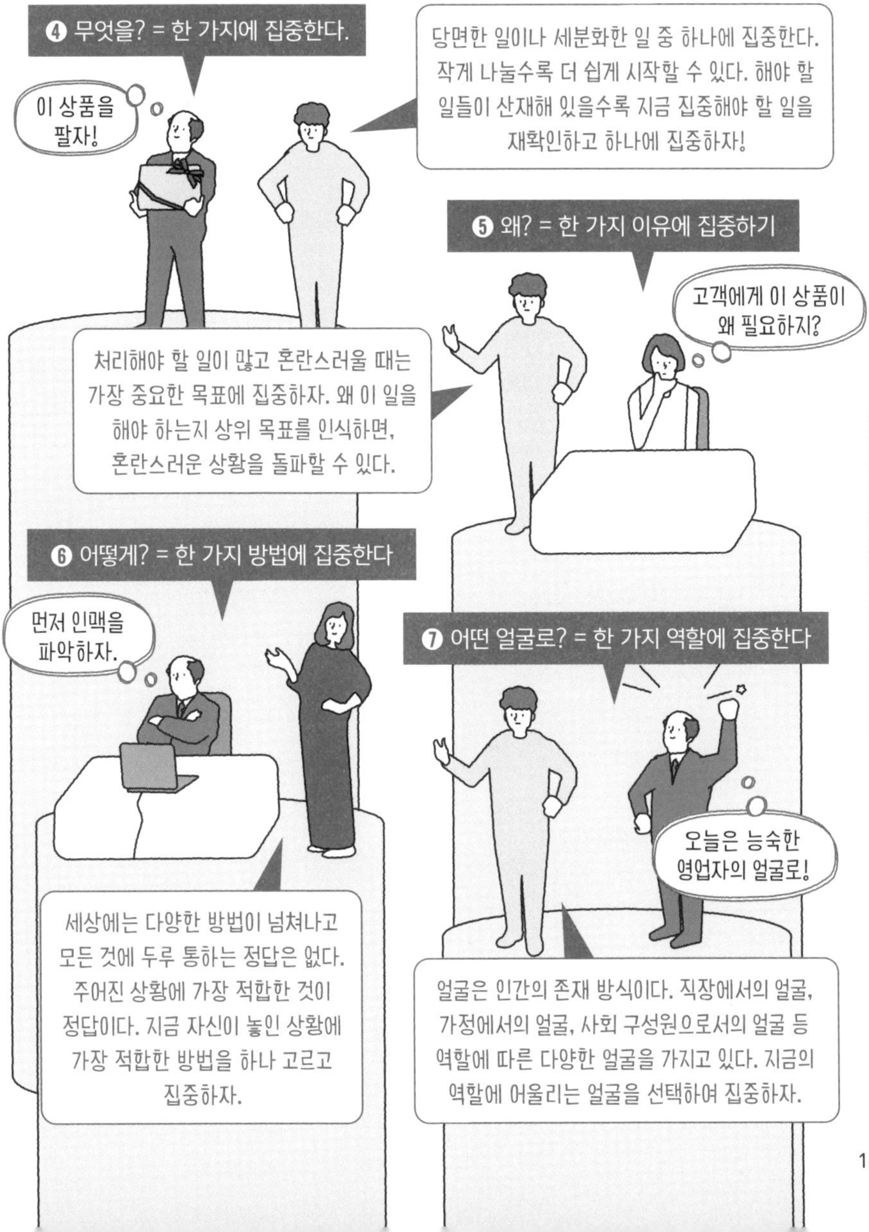

❹ 무엇을? = 한 가지에 집중한다.
이 상품을 팔자!
당면한 일이나 세분화한 일 중 하나에 집중한다. 작게 나눌수록 더 쉽게 시작할 수 있다. 해야 할 일들이 산재해 있을수록 지금 집중해야 할 일을 재확인하고 하나에 집중하자!
❺ 왜? = 한 가지 이유에 집중하기
고객에게 이 상품이 왜 필요하지?
처리해야 할 일이 많고 혼란스러울 때는 가장 중요한 목표에 집중하자. 왜 이 일을 해야 하는지 상위 목표를 인식하면, 혼란스러운 상황을 돌파할 수 있다.
❻ 어떻게? = 한 가지 방법에 집중한다
먼저 인맥을 파악하자.
세상에는 다양한 방법이 넘쳐나고 모든 것에 두루 통하는 정답은 없다. 주어진 상황에 가장 적합한 것이 정답이다. 지금 자신이 놓인 상황에 가장 적합한 방법을 하나 고르고 집중하자.
❼ 어떤 얼굴로? = 한 가지 역할에 집중한다
오늘은 능숙한 영업자의 얼굴로!
얼굴은 인간의 존재 방식이다. 직장에서의 얼굴, 가정에서의 얼굴, 사회 구성원으로서의 얼굴 등 역할에 따른 다양한 얼굴을 가지고 있다. 지금의 역할에 어울리는 얼굴을 선택하여 집중하자.

02 사고, 감정, 언어, 행동으로 실행력을 높인다

하나의 대상에 에너지를 100% 집중하기 위해서는 '사고, 감정, 언어, 행동' 4가지 요소를 일치시켜야 한다.

'내려놓기', '하나로 좁히기'의 다음 단계는 하나에 모든 에너지를 쏟아붓는 것이다. 이 단계에 이르면 확실히 훌륭한 기량을 발휘할 수 있다. 그런데 의식이 분산되어 집중하지 못하면, 애써 모은 에너지를 낭비할 뿐이다. 사고, 감정, 언어, 행동이라는 4가지 요소가 한곳에 집중되었을 때, 에너지를 100% 발휘할 수 있다. 4가지 요소 중 하나라도 일치하지 않으면 에너지가 분산된다.

4가지 요소가 일치하지 않는 상태란?

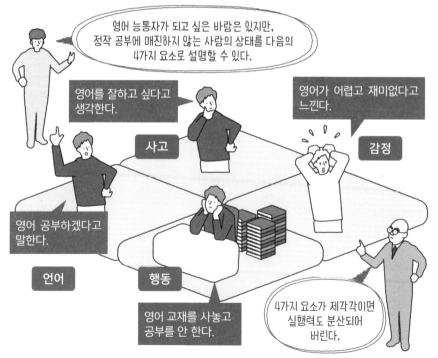

영어 능통자가 되고 싶은 바람은 있지만, 정작 공부에 매진하지 않는 사람의 상태를 다음의 4가지 요소로 설명할 수 있다.

영어를 잘하고 싶다고 생각한다.

영어가 어렵고 재미없다고 느낀다.

사고

감정

영어 공부하겠다고 말한다.

언어

행동

영어 교재를 사놓고 공부를 안 한다.

4가지 요소가 제각각이면 실행력도 분산되어 버린다.

사고, 감정, 언어, 행동의 4가지 요소가 일관되면, 실행력이 현격히 향상한다. 반대로 4가지 요소 중 하나라도 어긋나면 혼란이 발생한다. 그 상태에서 앞으로 나아가려고 하면, 스텝이 엉키면서 실행력이 위축되고 만다. 자신의 사고, 감정, 언어, 행동을 점검하고 일관성을 확보하는 것을 최우선으로 하자. 그래야만 100% 실행에 도달할 수 있다.

사고, 감정, 언어, 행동의 일관성 확보하기

업무상 유창한 영어 실력이 필요하다고 생각한다.
영어 공부에 대한 열망을 느낀다.
영어 실력이 부족하다고 느낀다면, 먼저 초급 수준의 교재나 아동 교육 콘텐츠를 접해보자. '지문이 이해된다!', '대화가 들린다!'고 느끼면 '영어를 못한다'는 생각을 떨쳐버릴 수 있다.
주변 사람들에게 영어 공부에 매진하고 있다고 말한다.
교재를 사서 매일 공부하고, 출퇴근 지하철에서 영어 콘텐츠를 시청한다.
사고
감정
언어
행동
일관된 상태를 만들면 자연스럽게 실행력이 강해진다.
매일 교재를 펼치고 한 페이지라도 읽는다, 매일 한 문장이라도 소리 내어 말한다 등 작은 실천일지라도 '어쨌든 행동하고 있다'는 상황을 만들면 '일관성'을 확보할 수 있다.

03 몰입을 끌어내는 기분과 관점을 선택한다

집중력을 높이기 위해서는 항상 의식적으로 기분과 관점을 선택해야 한다.

주체적인 인생으로 나아가는 첫걸음은 자신의 기분과 관점을 스스로 선택하는 것이다. 힘들면 괴로운 상황에 관점이 집중되고, 아프면 우울한 기분에 빠지는 것은 자연스러운 반응이다. 다만, 그 관점과 감정에 무기력하게 머물면 수동적인 삶을 살 수밖에 없다. 관점과 기분은 스스로 선택할 수 있음을 인지하는 것이 중요하다. Chapter 04에서 소개한 '기분을 선택하는 5가지 포인트'(▶p.64)를 응용하면 좀 더 수월하게 기분을 바꿀 수 있다.

기분을 '몰입 상태'로 만드는 방법 ①

과거에 몰입했던 경험을 떠올린다.
❶ 살면서 무언가에 몰두하고 집중했던 순간을 떠올린다.
❷ 그 순간의 풍경과 기분, 머릿속에 어떤 언어가 흐르고 있었는지, 몸은 어떤 느낌이었는지 상기하며 음미한다.
❸ 그때의 감각을 한 줄 문구로 표현해 본다.
정신없이 몰입한 경험
시간이 멈춘 듯한 고요함 속에서 몰입했던 경험
전속력으로 달렸던 경험
❹ 그 문구를 외우면서 그때의 경험을 떠올린다.
이렇게 하면 쉽게 집중 모드에 들어갈 수 있다.

원하는 미래상에 어울리는 관점과 기분으로 전환할 수 있어야 진정한 독립과 자유를 누릴 준비가 된 것이다. 세상은 다면적이다. 기분과 관점을 바꾸면, 그에 걸맞게 세상도 모습을 바꾼다. 세상이 어떤 모습을 드러낼지는 자신에게 달렸다. 기분과 관점을 스스로 선택하면, 항상 주체적인 인생을 살 수 있다.

기분을 '몰입 상태'로 만드는 방법 ②

이상적인 몰입 상태를 상상한다.
❶ 앞에 놓인 과업을 최고 수준으로 완료하여 진심으로 기쁜 상태를 상상한다.
❷ 그 당시 주변에서 보이는 것, 들리는 것, 그리고 몸에서 느껴지는 감각을 모두 음미한 후, 그 경험을 표현할 수 있는 문구를 생각한다.
❸ 그 문구와 과업 완료 후의 감각을 재현하기 위해 필요한 몰입 상태를 이미지화한다.
부서 전원이 한마음으로 성과를 이루어 내다.
❹ 이미지화한 몰입 상태에 완전히 빠져든 자신을 상상한다.
고요히 몰입한 상태
전념하여 불타오른 상태
명경지수
❺ 과업에 완전히 몰입한 상태를 마치 지금 경험하고 있는 것처럼 음미한다.
❻ 충분히 음미한 후, 그 상태를 표현할 수 있는 문구를 정한다.
❼ 그 문구를 중얼거리며 몰입 상태의 감각을 온몸으로 느끼고 과업을 시작한다.
이렇게 하면 지금까지 경험해 보지 못한 집중력을 발휘할 수 있다.

*명경지수(明鏡止水): 맑은 거울과 고요한 물처럼 잡념, 가식, 헛된 욕심 없이 맑고 깨끗한 마음 상태

04 기분 전환으로 잡념을 지운다

뇌는 신체 변화에 솔직하게 반응한다. 단지 미소만 지어도, 혹은 감정을 흉내 내기만 해도 뇌는 그에 어울리게 반응하고 기분이 바뀐다.

웃음은 내려놓기를 실천하는 최고의 수단이다. 웃고 있는 순간에는 다른 생각이 들지 않는다. 그저 웃겨서 웃는 것일 뿐이다. 그래서 웃는 순간은 모든 것을 '내려놓는' 상태가 된다. 고민과 번뇌의 늪에 빠져드는 느낌이 들 때는 단번에 기분을 끌어올려야 한다. 이때 필요한 것이 웃음이다. 거짓 웃음이든 헛웃음이든, 일단 크게 웃은 후, 고요하게 명상을 해보자. 웃음을 통해 에너지가 분출되면서 근심 걱정이 멀리 날아가 버리는 것을 느낄 수 있을 것이다.

웃음으로 고민과 번뇌를 내려놓는다

재미있는 이야기를 서로 들려주며 함께 웃다 보면 분위기가 화기애애해지고, 모두가 근심 걱정을 떨쳐버릴 수 있다.
사람들과 웃음을 공유한다.
최근 재미있는 일이 있었어요.
항상 웃음의 소재를 찾는다.
오, 웃긴 소재를 발견했다!
항상 웃음의 소재를 찾다 보면, 자연히 웃는 횟수가 늘어난다. 웃는 횟수가 많다는 것은 고민과 번뇌를 내려놓는 횟수도 많다는 것을 의미한다.

감정 표현의 3요소 '표정, 동작, 언어'(▶p.64)를 활용하면, 때와 장소에 구애받지 않고 집중할 수 있다. 또한, 신체를 이용해 간접적으로 의식 상태와 기분을 전환하거나, 호흡에 집중하는 명상으로 잡념을 떨치는 방법도 유용하다. 일러스트에서 제시하는 다양한 방법을 시도해 보고 자신에게 맞는 방법을 선택해 보자.

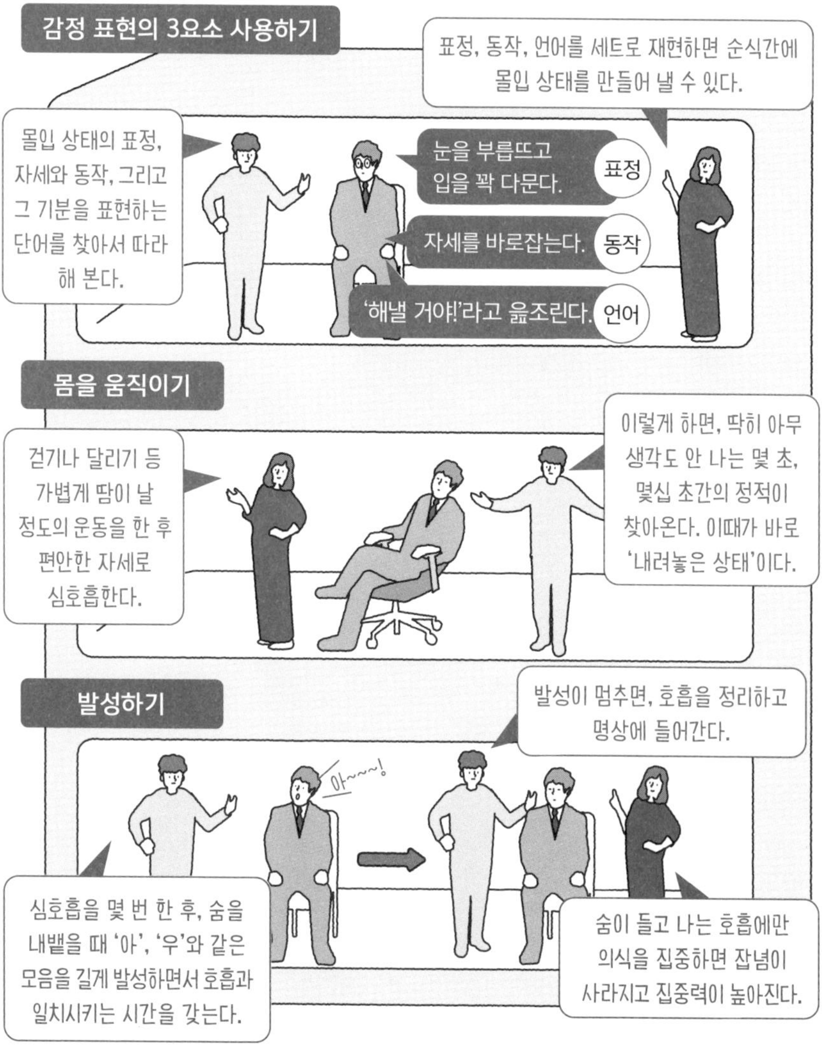

감정 표현의 3요소 사용하기

표정, 동작, 언어를 세트로 재현하면 순식간에 몰입 상태를 만들어 낼 수 있다.

몰입 상태의 표정, 자세와 동작, 그리고 그 기분을 표현하는 단어를 찾아서 따라 해 본다.

표정: 눈을 부릅뜨고 입을 꽉 다문다.

동작: 자세를 바로잡는다.

언어: '해낼 거야!'라고 읊조린다.

몸을 움직이기

걷기나 달리기 등 가볍게 땀이 날 정도의 운동을 한 후 편안한 자세로 심호흡한다.

이렇게 하면, 딱히 아무 생각도 안 나는 몇 초, 몇십 초간의 정적이 찾아온다. 이때가 바로 '내려놓은 상태'이다.

발성하기

아~~~!

심호흡을 몇 번 한 후, 숨을 내뱉을 때 '아', '우'와 같은 모음을 길게 발성하면서 호흡과 일치시키는 시간을 갖는다.

발성이 멈추면, 호흡을 정리하고 명상에 들어간다.

숨이 들고 나는 호흡에만 의식을 집중하면 잡념이 사라지고 집중력이 높아진다.

05 자신의 감정을 솔직하게 마주한다

누구나 거북한 상대가 있기 마련이다. 그 감각을 부정하지 않고 인정하는 것이 불편한 인간관계를 극복하는 첫걸음이다.

누구에게나 어색하고 불편한 인간관계가 있기 마련이다. 거북하고 싫은 사람에게까지 잘 보이려고 애쓰면 피로감만 쌓인다. 그런 인간관계는 과감하게 내려놓자. 불편한 인간관계에서 벗어나는 방법은 우선, 좋은 사람이 되려고 애쓰지 않는 것이다. 한발 더 나아가, 미워하는 사적 감정을 일단 내려놓고, 업무와 관련한 이해관계와 공적 목적에 집중한다. 그래도 싫은 감정이 사라지지 않는다면 일러스트에서 제시하는 방법을 시도해 보자.

미워하는 감정을 전환하는 방법

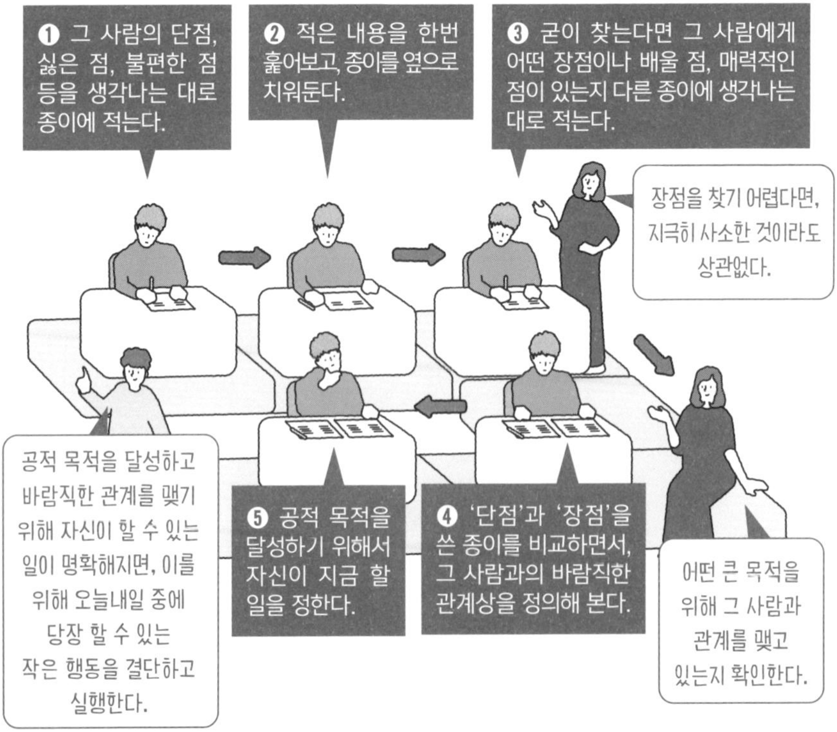
❶ 그 사람의 단점, 싫은 점, 불편한 점 등을 생각나는 대로 종이에 적는다.
❷ 적은 내용을 한번 훑어보고, 종이를 옆으로 치워둔다.
❸ 굳이 찾는다면 그 사람에게 어떤 장점이나 배울 점, 매력적인 점이 있는지 다른 종이에 생각나는 대로 적는다.
장점을 찾기 어렵다면, 지극히 사소한 것이라도 상관없다.
❹ '단점'과 '장점'을 쓴 종이를 비교하면서, 그 사람과의 바람직한 관계상을 정의해 본다.
어떤 큰 목적을 위해 그 사람과 관계를 맺고 있는지 확인한다.
❺ 공적 목적을 달성하기 위해서 자신이 지금 할 일을 정한다.
공적 목적을 달성하고 바람직한 관계를 맺기 위해 자신이 할 수 있는 일이 명확해지면, 이를 위해 오늘내일 중에 당장 할 수 있는 작은 행동을 결단하고 실행한다.

우리는 매일 다양한 감정을 경험한다. 자연스럽게 떠오르는 감정을 부정하거나 분석하지 말고, 있는 그대로 받아들이는 것부터 시작하자. 누군가를 미워하는 마음이 들 때, '저 사람도 본심은 괜찮은 사람일 거야.'라며 자신을 다독거리는 것이 아니라, '저 사람을 보면 자꾸 미운 감정이 들지?'라며 자신의 마음에 동조의 말을 건네는 것이다. 내면의 대화를 통해 깨닫는 점이 있을 것이다. 자신의 감정을 솔직하게 마주하고 가슴 뛰는 미래상과 행동으로 연결하는 방법을 일러스트로 제시하니, 한번 시도해 보자.

감정을 시각화하고, 가슴 뛰는 미래상으로 연결하는 방법

❶ 포스트잇에 적는다.
다양한 크기, 색깔, 모양의 포스트잇에 떠오르는 생각과 감정의 파편들을 모두 솔직하게 적고 큰 종이에 붙인다.
긍정적이든 부정적이든 상관없다. 사소한 것도 빠트리지 않고 적어 보자.
❷ 하나만 선택한다.
적은 포스트잇 중에서 가장 관심을 끄는 것 하나만 선택한다.
❸ 원하는 대로 이루어지는 장면을 상상한다.
오감의 기억을 최대한 활용하여 가장 기쁘고 설레는 장면을 최대한 사실적으로 상상하고 음미한다.
선택한 포스트잇을 새 종이에 붙이고, 좋은 쪽으로든 나쁜 쪽으로든 연상되는 장면을 모두 떠올린다. 궁극에는 그것들이 자신이 원하는 방향으로 연출되는 장면을 생생한 영상으로 상상한다.
❹ 호흡에 의식을 집중한다.
충분히 상상하고 음미했다면, 눈을 감고 호흡에 집중한다.
❺ 원하는 바를 이루기 위해 지금 자기가 할 수 있는 일을 적어본다.
생생한 영상으로 펼쳐진 '가슴 뛰는 미래상'을 실현하기 위해 내디뎌야 할 첫걸음이 무엇인지 생각해 보고, 지금 당장 할 수 있는 작은 행동들을 생각나는 대로 적는다.
❻ 작은 행동 하나를 고른다.
적어놓은 것 중에서 가장 하고 싶고, 확실하게 할 수 있는 작은 행동을 하나 고른다. 그 하나에 온 에너지를 집중한다.

06 진심으로 원하는 일을 찾는다

집중력을 100% 끌어올리려면, 하나를 선택하는 것과 더불어 '진짜 하고 싶은 일이 무엇인지'를 자문자답해야 한다.

하나에 집중하려면 선택에는 반드시 행동이 수반되어야 한다는 점을 명심해야 한다. 행동하지 않으면 집중력이 흐트러지고, 잡념이 행동을 가로막는다. 모든 잡념을 내려놓고, 지금 이 순간에 해야 할 일을 선택하고, 즉시 행동에 옮겨야 한다. 일러스트에서 제시하는 3단계 훈련법을 실천해 보자.

단 하나의 과업을 선택하는 방법

❶ 우선순위, 인간관계, 돈과 일에 대한 불안 등을 모두 내려놓고 비어있는 상태를 만든다.
지금 해야 할 일, 지금 당장 할 수 있는 일이 인생에서 가장 중요한 과업으로 이어지는 여정을 발견한다. 여러 가지가 떠오르면, 그중 가장 중요한 일을 직감으로 선택한다.
❷ 지금 해야 할 일을 10분 안에 정리하여 종이에 적는다.
❸ 바로 이어서, 최소 10분 이상 그 일을 하는 데 집중한다.
웹툰 작가가 되기 위해 매일 인체 드로잉 연습을 하자!
기본 전제는 모든 것을 내려놓고, 머릿속을 텅 빈 상태로 만드는 것이다.
하루에 한 번씩 이 훈련을 실천하면, 꿈을 향해 생각하고 행동하는 능력이 자연스럽게 배양된다.

만약, 우주나 세상에 인격이 있다면, 우리에게 3가지 질문을 던질 것이다. 첫째, 정말 하고 싶은 일은 무엇인가? 둘째, 진심으로 누구와 함께하고 싶은가? 셋째, 지금, 무엇을 하고 있는가? 얽매임과 잡념, 의무와 책임 등을 의식에서 모두 내려놓았을 때, 이 물음이 들려올 것이다. 이 물음을 마주하고, 지금 할 수 있는 단 하나를 선택하여 집중하면 찬란히 빛나는 미래를 만들 수 있다.

3가지 물음에 답한다

❶ 정말 하고 싶은 일은 무엇인가?
자신을 옭아매는 모든 것들, 관계, 의무, 책임 등을 최대한 모두 내려놓고 머리와 마음을 비운 채 우주의 물음에 답해 보자.
❷ 진심으로 누구와 함께하고 싶은가?
특정 개인이 떠오르면, 그 사람의 어떤 면에 매력을 느끼는지 생각해 보자. 딱히 떠오르는 사람이 없다면, 어떤 사람과 함께하고 싶은지 생각해 보자. 함께 하고 싶은 사람의 특징, 성격, 유형을 알면 그런 사람을 찾아 함께 할 수 있게 된다.
❸ 지금 무엇을 하고 있는가?
지금 당장 무엇을 시작할지, 넓은 시야에서 조망해 보자. 과거 현재 미래를 한눈에 조감하고, 지금 해야 할 일을 한다. 그것이 바로 최선을 다하는 것이다.
우주가 던지는 질문은 누구에게나 이 3가지뿐일 지도 모른다. 우리는 쓸데없는 일에 신경을 쓰며 갈등하고, 자기를 스스로 규제하며 살아간다. 이 3가지 질문에 진지하게 답하고 즉시 실행에 옮기자!

07 타인의 기대가 아닌 자신의 기대에 부응한다

타인의 기대가 아닌 자신의 기대에 부응하며 살아야 '꿈꾸는 힘'과 '행동력'을 강화할 수 있다.

너무 많은 일을 감당하며 사는 것은 타인의 기대, 성공 조건, 성공 경험 등의 외적 요인과 불안, 걱정, 두려움, 성격 유형 등의 내적 요인에 의해 몸과 마음이 묶여 있는 상태와 같다. 그 무게를 도저히 감당할 수 없는 상태에 도달했다면 자기 내면과 더 깊이 연결될 필요가 있다. 타인의 기대가 아닌 자신의 기대에 귀 기울여야 상황을 개선할 수 있다.

자기 내면에 질문하기

꿈꾸는 것은 관념을 구체화하는 것이고, 행동하는 것은 꿈을 현실로 만드는 것이다. 그래서 꿈은 항상 행동에 선행한다. 꿈꾸지 않는 자는 이 구조를 이해하지 못한다. 비즈니스와 관련한 꿈은 기획서나 제안서에 담아낼 줄 알면서, 정작 자기 인생에 대한 꿈을 꾸지 않는다면 매우 안타까운 일이다. 인간의 무한한 가능성은 꿈에서 시작된다. 그러니 마음껏 크게 꿈을 그려 보자.

꿈이 있기에 이루어진다

'꿈'은 꾸지 말라고 하고,
'희망'은 짓밟히고,
'욕망'은 더러운 것으로 치부되고,
'소망'은 불가능으로 간주되고,
'야망'은 비웃음거리가 된다.

그러나

'꿈'이 있기에 이루어진다.
'희망'이 있기에 계속 나아갈 수 있다.
'욕망'이 있기에 살아갈 수 있다.
'소망'이 있기에 발전할 수 있다.
'야망'이 있기에 자신을 넘어설 수 있다.

인간에게는 무한한 가능성이 있다.

이 책의 감수자 후지요시 타츠조가 강연이나 세미나에서 항상 낭독하는 시이다.

08 꿈을 현실로 만드는 방법

꿈은 현실이 아니다.
하지만 정확한 행동이 쌓이면, 꿈은 반드시 현실이 된다.

자기 머릿속에만 있는 꿈은 타인에게는 무색투명하고 형태가 없는 것으로, 직접 말하지 않는 한, 그 존재조차 알 수 없다. 자신의 꿈이 세상에 나와 빛을 발하도록 하려면 결단을 내리고, 현실로 만들기 위한 첫걸음을 내디뎌야 한다. 어떻게 하면 꿈을 현실로 만들 수 있을까? 꿈을 실현하는 구조를 알아보자.

소망이 모호하면 행동으로 옮길 수 없다

눈에 보이지 않는 소망은 말로 표현하거나, 그림으로 그리거나, 기획서로 정리하는 과정을 거치면서 구체화된다. 이 과정을 '꿈꾼다' 또는 '꿈을 그린다'고 한다. 꿈을 그릴 수 있으면, 사회적 현실과 물리적 현실 세계(3차원 세계, 합의된 현실)에서 만질 수 있는 형태로 실체화할 수 있다. 어떤 색깔과 모양, 또는 어떤 재료를 어떤 크기와 양으로 사용할 것인지가 명확해지면, 그 청사진에 따라 현실로 만들 수 있다.

꿈을 구체화하는 과정

Power of Execution
VISUAL NOTES

Chapter 10

주변에 지지자를 모은다

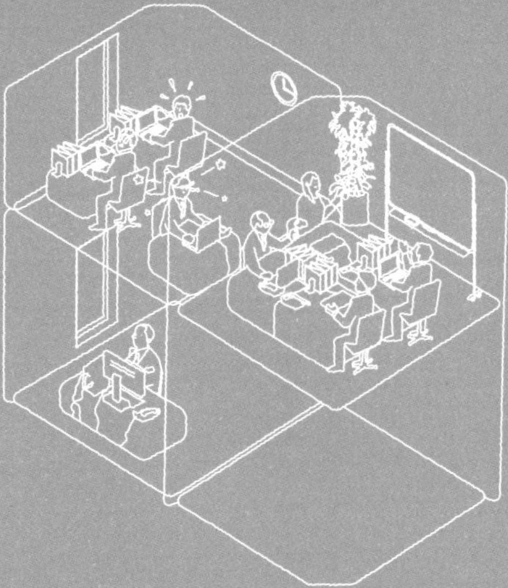

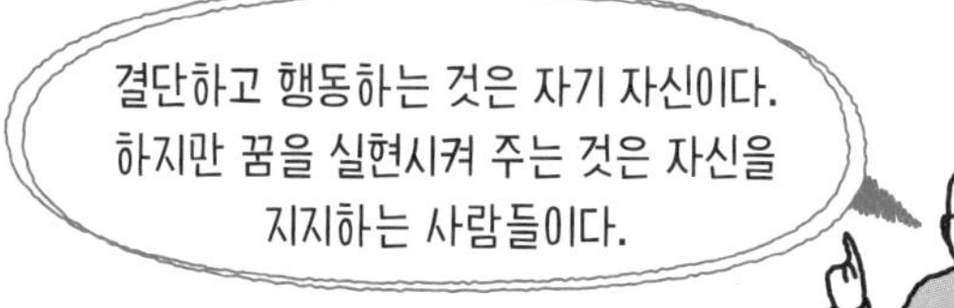
결단하고 행동하는 것은 자기 자신이다.
하지만 꿈을 실현시켜 주는 것은 자신을
지지하는 사람들이다.

자신을 컨트롤할 수 있는 것은 자기 자신뿐이다.
타인을 마음대로 조종하려는 시도는 실패의 지름길이다.
서로 보완하고 협력하고 진심으로 응원하면 커다란 힘이
자신의 꿈에 든든한 뒷배가 되어 줄 것이다.

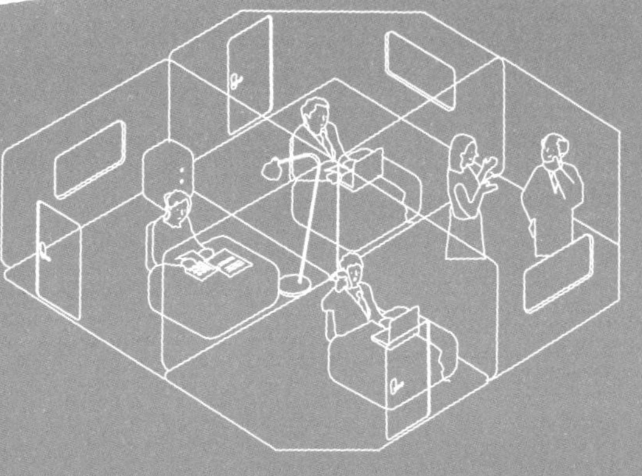

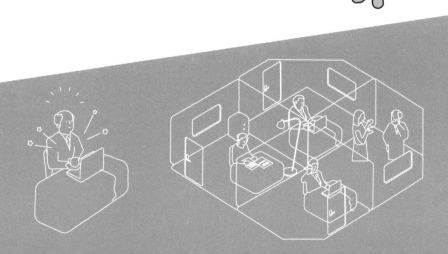

01 나 혼자 할 수 있다는 생각을 내려놓는다

나 혼자 할 수 있는 일은 한정되어 있다.
다른 사람의 협조가 있어야만 큰 성과를 낼 수 있다.

사회에 나온 이상 조직, 비즈니스 파트너, 고객 등 다른 사람의 지원이 없으면, 아무리 최선을 다해도 뜻을 펼치기 어렵다. 특히 비즈니스 세계에서는 사람들 간의 연대, 협력, 협동, 공감 없이는 성공을 보장할 수 없다. 지혜가 부족하면 누군가의 지혜를 빌릴 수 있다. 자금이 없으면 투자해 줄 사람을 찾으면 된다. 재능을 보완해 줄 기회나 시스템이 있다면 그것을 이용하자. '나 혼자'라는 껍데기를 깨고, 세상을 벗 삼아 나아가자.

혼자서 모든 일을 해내려는 마음을 내려놓는다

한 사람이 능숙하게 해낼 수 있는 일은 한정적이다. 그 외의 수많은 일에는 서툴거나 미숙하고 경험이 부족하며 지식이 없다. 자신의 결단을 목표로 연결하려면, 해야 할 일은 많고 시간은 한정적임을 인정해야 한다. 싫어하는 일이나 미숙한 일에 필요 이상으로 매달리는 것은 득이 되지 않는다. 자신이 좋아하고 잘하는 일에 집중하고, 다른 사람이 좋아하고 잘하는 일은 그 사람에게 맡기는 것이 현명하다.

잘하는 척하는 태도를 내려놓는다

02 타인과 협력하는 방법을 구상한다

자신 이외의 존재를 완전히 통제할 수는 없다.
그보다는 '상대를 높인다'고 의식하는 것이 중요하다.

부하직원을 컨트롤하는 것이 관리라고 확신하는 상사는 부하직원을 방치하면 안 된다는 생각에 연락, 보고, 상담 등에 철저한 경향이 있다. 무관심보다 나을 수는 있지만 그 방식이 반드시 성과로 이어진다고 보장할 수는 없다. 타인을 지배하고 통제하려고 하면, 자신에게 유리한지 불리한지의 관점에서만 상황을 판단하게 된다. 그러면 상대방이 가진 능력을 제한하게 되고, 결과적으로 상대방을 떠나게 만들 뿐이다.

자기 방식이 100% 옳다는 신념을 내려놓는다

성과를 내는 사람은 상대방을 통제하려고 하지 않고, 상대방의 행동력을 높이려고 노력한다. 또한, 타인과 자신이 잘하는 것과 좋아하는 것을 정확히 파악하기 위해, 자신뿐만 아니라 타인을 세밀히 관찰한다. 타인의 부족한 부분을 도와주고, 자신의 부족한 부분을 도와줄 수 있는 사람을 찾으려고 노력하기 때문이다. 만약, 협력 관계를 맺어야 할 대상이 있다면, 그 사람과 자신의 장단점과 호불호를 분류해 보는 것을 추천한다.

자신과 타인의 강약점 파악하기

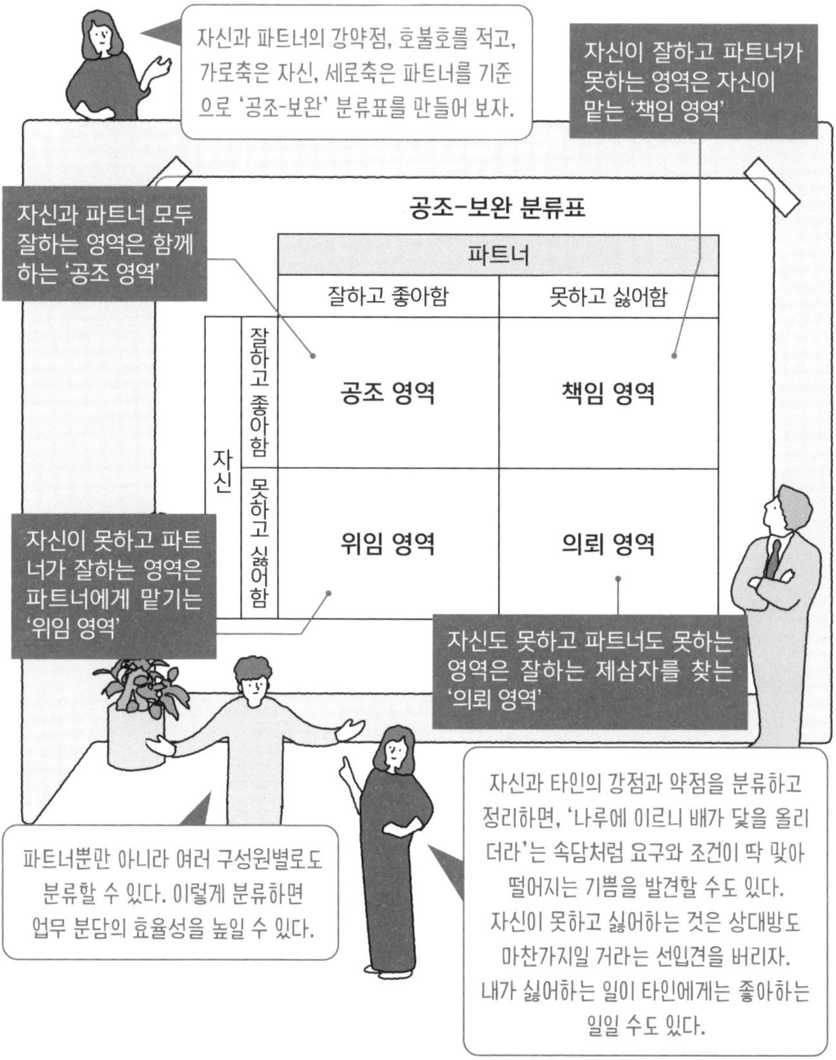
자신과 파트너의 강약점, 호불호를 적고, 가로축은 자신, 세로축은 파트너를 기준으로 '공조-보완' 분류표를 만들어 보자.
자신이 잘하고 파트너가 못하는 영역은 자신이 맡는 '책임 영역'
공조-보완 분류표
파트너
잘하고 좋아함
못하고 싫어함
자신
잘하고 좋아함
못하고 싫어함
공조 영역
책임 영역
위임 영역
의뢰 영역
자신과 파트너 모두 잘하는 영역은 함께 하는 '공조 영역'
자신이 못하고 파트너가 잘하는 영역은 파트너에게 맡기는 '위임 영역'
자신도 못하고 파트너도 못하는 영역은 잘하는 제삼자를 찾는 '의뢰 영역'
파트너뿐만 아니라 여러 구성원별로도 분류할 수 있다. 이렇게 분류하면 업무 분담의 효율성을 높일 수 있다.
자신과 타인의 강점과 약점을 분류하고 정리하면, '나루에 이르니 배가 닿을 올리더라'는 속담처럼 요구와 조건이 딱 맞아떨어지는 기쁨을 발견할 수도 있다. 자신이 못하고 싫어하는 것은 상대방도 마찬가지일 거라는 선입견을 버리자. 내가 싫어하는 일이 타인에게는 좋아하는 일일 수도 있다.

03 주변 사람들의 자신감을 높인다

큰 성공의 열쇠는 자신뿐만 아니라 주변 사람들의 자신감을 높이는 것이다.

성과를 내기 위해서는 주변 사람들의 자신감이 중요하다. 동료의 자신감이 부족하면 자신의 힘이 부족한 것과 마찬가지이다. 주변 사람들에게 자신감을 심어주는 한 가지 방법은 칭찬이지만, 이는 부하직원이나 후배처럼 아랫사람을 향할 때만 효과를 발휘한다. 상사나 거래처, 혹은 고객을 상대로 어설프게 칭찬하면 오히려 상대방의 감정을 상하게 할 수 있다. 이럴 때는 일러스트에서 제시하는 방법으로 상대방의 자신감을 높여주자.

인상 깊었던 점에 대해 '나 메시지'로 전달한다

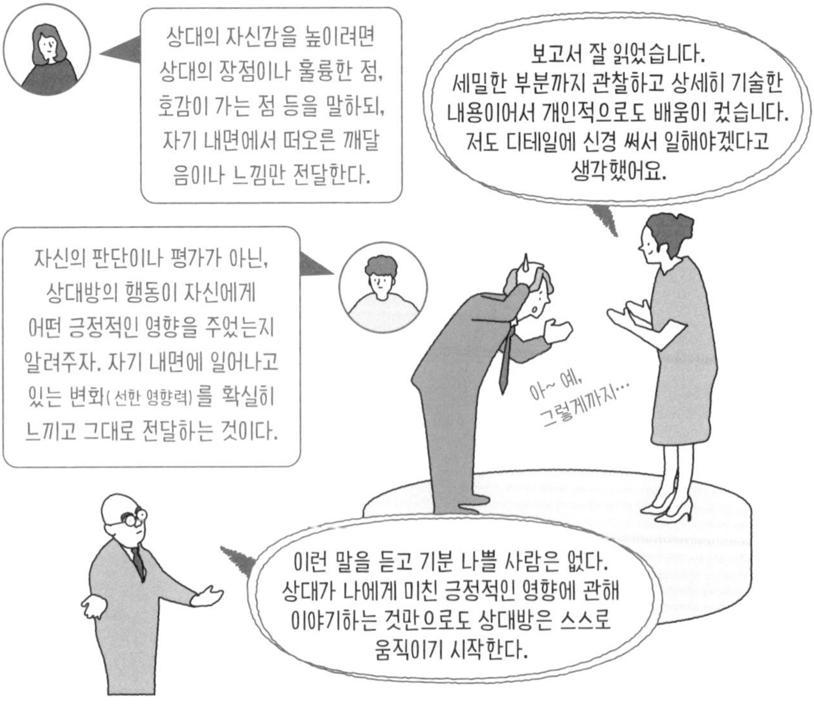
상대의 자신감을 높이려면 상대의 장점이나 훌륭한 점, 호감이 가는 점 등을 말하되, 자기 내면에서 떠오른 깨달음이나 느낌만 전달한다.
보고서 잘 읽었습니다. 세밀한 부분까지 관찰하고 상세히 기술한 내용이어서 개인적으로도 배움이 컸습니다. 저도 디테일에 신경 써서 일해야겠다고 생각했어요.
자신의 판단이나 평가가 아닌, 상대방의 행동이 자신에게 어떤 긍정적인 영향을 주었는지 알려주자. 자기 내면에 일어나고 있는 변화(선한 영향력)를 확실히 느끼고 그대로 전달하는 것이다.
아~ 예, 그렇게까지…
이런 말을 듣고 기분 나쁠 사람은 없다. 상대가 나에게 미친 긍정적인 영향에 관해 이야기하는 것만으로도 상대방은 스스로 움직이기 시작한다.

그러나 실제로는 아쉬운 부분, 개선해야 할 점에 관심이 집중되어 지적 사항을 전달하기 바쁠 수도 있다. 지적받는 사람은 자기가 놓치거나 미숙했던 부분에 관심이 집중되고, 그 점이 마음속에 확대되어 버린다. 그렇게 되면 상대방은 자신감을 잃게 된다. 상대방의 부족한 부분이나 주의 사항을 일깨워 주고 싶다면 '올바른 순서'를 고려해야 한다. 일러스트를 통해, 상대방의 주의를 환기하고 인식 전환을 독려하는 5단계 대화법을 알아보자.

인식 전환을 독려하는 5단계 대화법

❶ 상대방에게 본인의 업무에서 무엇이 잘되고 있는지 이야기해 달라고 요청한다.
일러스트에서 제시하는 5단계는 코칭의 과정을 축약한 것이다.
이 일은 잘 풀려서…
사실 이 일은 좀…
❷ 상대방에게 본인의 업무에서 무엇이 잘 안 되고 있는지 이야기해 달라고 요청한다.
❸ 잘 안되는 일 중에서, 그나마 잘되고 있는 부분에 관해 이야기해 달라고 요청한다.
이 부분은 제법…
❹ 개선이 필요한 부분에 관해서 이야기해 달라고 요청한다.
이 부분을 바꾸면…
이것부터 시작하면…
❺ 개선을 위해, 최우선으로 무엇을 시작하면 좋을지 이야기해 달라고 요청한다.
잘되는 부분, 잘 안되는 부분, 개선이 필요한 부분, 개선할 수 있는 부분을 순서대로 이야기하고 공감하면, 상대방은 '개선할 수 있다'는 긍정적인 마음이 생겨서 주도적으로 행동에 옮기게 된다.

04 사람들의 참여를 유도한다

대업을 이루려면 사람들의 협력을 구해야 한다.
모두의 일이 되었을 때 비로소 빛을 발할 수 있다.

성공하고 싶다면, 더욱더 타인을 응원하는 마음가짐을 가져야 한다. 타인을 계속 응원하다 보면 자신도 응원받고 있음을 깨닫게 된다. 타인은 통제해야 할 대상이 아니라, 서로 응원해야 할 대상이다. 응원과 지원을 주고받으며 선한 영향력을 베푸는 환경에서 살아갈 때, 주변 사람들로부터 진정한 지지를 받을 수도 있고, 주위의 힘을 언제든 빌릴 수 있게 된다.

상대방을 응원하는 3가지 관점

마지막으로, 타인을 참여시키는 3단계 기술에 관해 알아보자. 가장 큰 전제는 자신이 먼저 마음을 열고 상대방과 대등한 관계를 맺으려고 노력하는 것이다. 자신의 강점과 약점을 있는 그대로 받아들이고, 혼자서는 큰일을 할 수 없다는 것을 이해해야 한다. 그런 마음으로 사람을 대하면 오만해지지도, 비굴해지지도 않는다. 서로의 가치를 존중하고 목적을 공유할 때, 혼자 힘으로 달성하기 불가능한 일도 이룰 수 있게 된다.

사람들을 참여시키는 3단계 기술

주요 참고문헌

- 結局,「すぐやる人」がすべてを手に入れる 能力以上に結果が出る「行動力」の秘密
  _ 藤由達藏 저 (青春出版社)
- 結局,「シンプルに考える人」がすべてうまくいく 質とスピードが一気に変わる最強の秘密
  _ 藤由達藏 저 (青春出版社)
- 結局,「決める力」がすべてを変える 流される人生から, 自分で選択する人生へ
  _ 藤由達藏 저 (青春出版社)
- 結局, すべてを手に入れる「すぐやる!」ノート "いまの自分"を抜け出す最後の答えとは?
  _ 藤由達藏 저 (青春出版社)
- たった1つの質問がなぜ, 人生を劇的に変えるのか 望んだ以上の自分になれる秘密
  _ 藤由達藏 저 (青春出版社)
- いつも「結果」を出す人のアウトプット習慣 学びを「活かす」技術
  _ 藤由達藏 저 (ハート出版)
- やっぱり, 気分を上げればすべてうまくいく _ 藤由達藏 저 (朝日新聞出版)
- 自分にダメ出ししてしまう人のための本 _ 藤由達藏 저 (アスコム)
- 過去の自分を振り返る人だけが成功する理由 あなたが望む未来の鍵は自分自身の中にある
  _ 藤由達藏 저 (アルファポリス)

바로 행동에 옮기는 실천의 기술

빠르게 독파하고 확실히 각인하는 비주얼 노트!
바로 행동에 옮기는 실천의 기술

초판 1쇄 발행 · 2023년 11월 30일

감　수 · 후지요시 타츠조
옮긴이 · 서희경
펴낸이 · 곽동현
디자인 · 정계수
펴낸곳 · 소보랩

출판등록 · 1998년 1월 20일 제2002-23호
주소 · 서울시 동작구 동작대로 1길 27 5층
전화번호 · (02)587-2966
팩스 · (02)587-2922
메일 · sobolab@naver.com

ISBN 979-11-391-2461-3 14190
ISBN 979-11-391-0292-5 (세트)